AF322593

Decifrare il Dropshipping: Navigare con Successo nell'Imprenditorialità E-Commerce

Una Guida Approfondita per Costruire, Scalare e Ottimizzare il Tuo Business di Dropshipping: Dalla Concettualizzazione e Collaborazione con i Fornitori alla Soddisfazione del Cliente e Strategie di Crescita Sostenibile nel Mercato Digitale

Marco Tampieri

1. Introduzione al Dropshipping • Definizione e funzionamento del modello di business.
ChatGPT

1. Introduzione al Dropshipping

Definizione

Il dropshipping è un modello di business di e-commerce che permette a un'impresa di operare senza dover mantenere un inventario, possedere un magazzino per immagazzinare i propri prodotti, o dover spedire i propri prodotti ai propri clienti. Invece, i negozi che vendono tramite dropshipping acquistano l'articolo da un terzo e lo fanno spedire direttamente al cliente. Pertanto, il venditore non vede o gestisce il prodotto fisicamente.

Funzionamento del Modello di Business

a. Selezione dei Fornitori

Prima di avviare un'attività di dropshipping, gli imprenditori devono individuare e stabilire rapporti con i fornitori dei prodotti che intendono vendere. Questi fornitori potrebbero essere produttori, grossisti o altri rivenditori che offrono servizi di dropshipping.

b. Creazione di un Negozio Online

Dopo aver selezionato i fornitori e i prodotti, gli imprenditori creano un negozio online utilizzando piattaforme di e-commerce come Shopify, WooCommerce, o altre soluzioni simili. In questa fase, il branding, il design del sito web,

e la descrizione dei prodotti sono fondamentali
per attirare e convertire i visitatori in clienti.

c. Attirare i Clienti

Il passo successivo consiste nel marketing e nella
promozione del negozio online per attirare i
clienti. Ciò può includere strategie SEO,
pubblicità a pagamento, marketing sui social
media e altre tecniche di marketing digitale.

d. Effettuare una Vendita

Quando un cliente effettua un acquisto, paga il
prezzo al dettaglio del prodotto direttamente al
negozio. A questo punto, l'imprenditore del
negozio paga al fornitore il prezzo all'ingrosso del
prodotto utilizzando il denaro che il cliente ha
pagato.

e. Spedizione del Prodotto

Dopo aver ricevuto l'ordine e il pagamento, il
venditore (l'imprenditore) trasmette l'ordine e i
dettagli di spedizione direttamente al fornitore
che poi spedisce il prodotto direttamente al
cliente finale.

f. Assistenza Clienti e Gestione dei Resi

Il negoziante è responsabile per l'assistenza
clienti, che include la gestione delle domande,
reclami e resi.

Vantaggi e Sfide

- **Vantaggi**: Il dropshipping offre una barriera all'ingresso relativamente bassa, richiedendo meno capitali iniziali e permettendo di offrire un'ampia varietà di prodotti senza dover gestire l'inventario fisicamente.
- **Sfide**: Gli imprenditori si trovano ad affrontare sfide come la concorrenza intensa, margini di profitto più bassi, e la necessità di gestire attentamente la qualità dei fornitori e delle spedizioni.

Considerazioni Finali

Il dropshipping può essere un modello di business redditizio e accessibile se gestito correttamente. Richiede però una rigorosa ricerca di mercato, una gestione efficiente dei fornitori e delle spedizioni, nonché una strategia di marketing robusta per costruire un marchio di successo nel mercato dell'e-commerce.

Il dropshipping, nonostante la sua apparente facilità di implementazione, richiede una profonda comprensione e un'analisi dettagliata delle dinamiche del mercato e-commerce per essere veramente fruttuoso. Mentre la struttura di base del modello di business è piuttosto semplice e lineare, ci sono molti strati e sfumature che devono essere esplorati per garantire il successo di un'impresa in questo settore.

Fornitori e Relazioni

Il cuore del modello di dropshipping è la relazione tra il venditore e i fornitori. La selezione di fornitori affidabili e di alta qualità non è solo una questione di identificare chi può offrire i prodotti desiderati a prezzi competitivi, ma anche comprendere la loro affidabilità, efficienza nella gestione degli ordini, e la qualità della loro customer service. L'affidabilità del fornitore è cruciale perché anche se la transazione finale e la spedizione sono gestite da loro, qualsiasi inconveniente o problema verrà riflesso negativamente sull'impresa di dropshipping. Ecco perché la selezione, la verifica e la costruzione di relazioni solide con i fornitori diventano pietre miliari per il successo.

Strategie di Marketing

Entrando più nello specifico delle strategie di marketing nel dropshipping, il posizionamento del prodotto e il targeting della clientela si dimostrano essere aspetti cruciali. Le tecniche di marketing digitale, comprese le strategie SEO e SEM, giocano un ruolo fondamentale nell'attrarre traffico verso il tuo e-commerce. La capacità di utilizzare parole chiave pertinenti e creare contenuti accattivanti per il tuo sito web può notevolmente influenzare la visibilità del tuo negozio online nei motori di ricerca. La pubblicità a pagamento, che include Google Ads e annunci su piattaforme di social media come Facebook e Instagram, dovrebbe essere strategizzata per raggiungere il pubblico giusto, con messaggi mirati che risuonano con le loro esigenze e desideri.

Gestione delle Spese e dei Profitti

Dal punto di vista finanziario, la gestione dei costi e l'ottimizzazione dei profitti sono sfide nel dropshipping, in particolare dovute ai margini spesso sottili che possono essere erosi da spese pubblicitarie e costi operativi. Comprendere e monitorare attentamente le metriche finanziarie, come il costo per acquisizione del cliente (CAC) e il valore del tempo di vita del cliente (CLV), è fondamentale per assicurare che il business sia sostenibile e redditizio. Questo comporta anche un'attenta analisi dei prezzi e una strategia di pricing che non solo sia accattivante per i clienti ma che allo stesso tempo salvaguardi i margini di profitto.

La Gestione della Customer Experience

Nel modello di dropshipping, la customer experience diventa fondamentale, nonostante il fatto che il venditore non controlli direttamente tutto il ciclo di vita del prodotto. Dal momento che il fornitore gestisce l'inventario e la spedizione, eventuali ritardi o problemi nella consegna possono riflettersi negativamente sulla percezione del cliente. Pertanto, è essenziale instaurare una comunicazione chiara e trasparente con i clienti, gestendo proattivamente eventuali problemi e fornendo un servizio clienti eccellente per garantire la loro soddisfazione e incoraggiare acquisti futuri e la fidelizzazione.

Adattabilità e Flessibilità

Il mercato e-commerce è in costante evoluzione, con tendenze e preferenze dei consumatori che cambiano rapidamente. Un business di dropshipping deve essere flessibile e adattabile, con la capacità di rapidamente modificare l'offerta di prodotti, aggiornare le strategie di marketing, e potenzialmente passare a nuovi fornitori per rimanere rilevante e competitivo nel mercato.

In conclusione, il dropshipping è un modello di business che, sebbene offra numerosi vantaggi in termini di riduzione del rischio finanziario e barriere all'ingresso più basse, richiede una gestione attenta e strategica in diverse aree chiave per assicurare il successo e la sostenibilità nel lungo termine. Si tratta di un percorso imprenditoriale che necessita di un impegno costante, una strategia ben pensata, e la volontà di adattarsi e imparare continuamente per navigare con successo nel dinamico mondo dell'e-commerce.

Il dropshipping, essendo un'entità dinamica nell'ambito dell'e-commerce, porta con sé una serie di sfaccettature che necessitano di ulteriori approfondimenti, quali la globalizzazione del mercato, le sfide logistiche, e l'integrazione tecnologica.

Globalizzazione del Mercato e Competizione

Nell'era digitale, il mercato del dropshipping si è globalizzato, rendendo le frontiere geografiche quasi insignificanti in termini di portata del mercato. Ciò significa che mentre i negozianti hanno accesso a un pubblico globale, sono anche esposti a una concorrenza internazionale. Questa globalizzazione porta con sé la sfida di dover comprendere e navigare attraverso diverse culture di consumo, aspettative di servizio clienti, e normative legali e fiscali. Inoltre, l'ottimizzazione del sito web per vari mercati attraverso la localizzazione del contenuto e l'adattamento delle strategie di marketing a diversi pubblici può rivelarsi un compito ardito ma necessario.

Sfide Logistiche

La logistica nel dropshipping è un'altra sfera che richiede una notevole attenzione. Poiché i prodotti vengono spediti direttamente dal fornitore al cliente, diventa vitale assicurarsi che il processo sia il più fluido possibile per evitare insoddisfazioni del cliente. Problemi quali ritardi nelle spedizioni, danneggiamenti dei prodotti durante il trasporto, o articoli errati possono diventare una sfida quando il rivenditore non ha il controllo diretto sulla gestione delle spedizioni. Ciò richiede la scelta di fornitori che non solo siano affidabili nella qualità del prodotto, ma anche impeccabili nella gestione delle spedizioni e nell'affrontare eventuali intoppi.

Integrazione Tecnologica

L'integrazione tecnologica è un aspetto che spesso diventa un punto focale per chi opera nel dropshipping. L'uso della tecnologia per automatizzare il processo, dall'ordine all'evasione, riduce notevolmente il margine di errore umano e aumenta l'efficienza operativa. Ciò può includere l'integrazione di sistemi di gestione degli ordini, software di servizio clienti, e piattaforme di marketing automatizzate. Inoltre, la tecnologia aiuta anche nel monitorare le prestazioni del business attraverso l'analisi dei dati. Analizzare i dati relativi alle vendite, al traffico del sito web e al comportamento del cliente può offrire intuizioni preziose per ottimizzare ulteriormente il business.

Abbracciare l'Innovazione

L'innovazione nel mondo dell'e-commerce è incessante. Dalle nuove piattaforme tecnologiche alle emergenti tendenze dei consumatori, essere al passo con l'innovazione e essere pronti ad adattare il business di conseguenza è fondamentale. Esplorare nuovi canali di vendita, sperimentare strategie di marketing innovative, e aggiornare costantemente l'offerta di prodotti in base alle ultime tendenze può essere la chiave per mantenere il business fresco e rilevante agli occhi dei consumatori.

Sviluppare un Modello Sostenibile

La sostenibilità, sia dal punto di vista ambientale che aziendale, è un ulteriore elemento di riflessione. La consapevolezza ambientale e la sostenibilità stanno diventando sempre più importanti per i consumatori, e riflettere questi valori nel tuo business potrebbe non solo essere benefico dal punto di vista etico ma anche un vantaggio competitivo. Questo potrebbe implicare la scelta di fornitori che seguono pratiche ecologicamente responsabili o l'adozione di strategie aziendali più verdi.

Esplorare Nuove Nicchie di Mercato

Un approfondimento ulteriore delle nicchie di mercato e la continua esplorazione di nuove opportunità di mercato si rivelano fondamentali. Man mano che il mercato evolve, anche le nicchie potrebbero spostarsi o espandersi, offrendo nuove opportunità per i dropshipper che sono pronti ad adattarsi e a sfruttare queste tendenze emergenti.

Gestione della Reputazione Online

In un mondo sempre più digitale, la reputazione online diventa vitale. La gestione delle recensioni dei clienti, la risposta ai feedback, e la costruzione di una presenza online positiva attraverso diversi canali possono notevolmente influenzare la percezione del marchio e, di conseguenza, le decisioni di acquisto dei clienti. In conclusione, il dropshipping, seppur ricco di opportunità, è un terreno che necessita di un approccio misurato, strategicamente informate e una gestione oculata per navigare con successo attraverso le sue molteplici sfide e dinamiche.

Psicologia del Consumatore e Analisi Comportamentale

Un'area che merita una particolare attenzione nel dropshipping riguarda l'interpretazione e la comprensione della psicologia del consumatore. Approfondire la conoscenza delle motivazioni, dei comportamenti d'acquisto, e delle aspettative dei clienti può offrire un vantaggio significativo nella creazione di strategie di marketing e customer service personalizzate. Implementare analisi comportamentali attraverso l'utilizzo di dati analitici, sondaggi e feedback può aiutare a sviluppare una comprensione più profonda dei clienti e permettere di personalizzare l'esperienza d'acquisto in modo da massimizzare la conversione e la retention.

Conformità Legale e Normativa

Navigare attraverso il labirinto delle leggi e delle normative relative al commercio elettronico e al dropshipping è un altro punto che non va trascurato. La conformità legale, che riguarda aspetti come le politiche sulla privacy, le leggi sul consumo, e le normative fiscali, devono essere rigorosamente rispettate per evitare potenziali problemi legali. Adattare il business alle normative del paese o dei paesi in cui si opera è imperativo, e potrebbe includere l'adattamento delle politiche di reso, garanzie e delle prassi di comunicazione e marketing.

Reti di Affiliazione e Partnership

L'exploration di reti di affiliazione e la creazione di partnership può rappresentare un mezzo efficace per ampliare la visibilità del tuo business di dropshipping e incrementare le vendite. Lavorare con affiliati e partner può non solo aiutare a raggiungere un pubblico più ampio ma anche a costruire una rete di relazioni commerciali che potrebbero essere mutualmente vantaggiose. Le partnership possono andare oltre gli affiliati e includere collaborazioni con influencer, blogger, e altri operatori del settore che possono amplificare la presenza del tuo brand nel digitale.

Branding e Posizionamento nel Mercato

Il branding e il posizionamento nel mercato sono essenziali per distinguere il tuo business in un mercato affollato. La creazione di un marchio forte, che risuoni con il tuo pubblico target e comunichi chiaramente i valori e le USP (Unique Selling Propositions) del tuo business, è fondamentale per costruire un'identità coerente e riconoscibile. Questo va al di là del solo logo e nome, estendendosi alla voce del brand, agli asset visivi, e all'esperienza globale del cliente.

Uso Efficace della Tecnologia e Big Data

In un'epoca dominata dai dati, il loro utilizzo strategico è diventato un imperativo per il successo del business. Analizzare i big data e utilizzare queste informazioni per ottimizzare le strategie di prezzo, inventario, e marketing può offrire un vantaggio competitivo significativo. L'intelligenza artificiale e il machine learning stanno diventando sempre più accessibili e possono essere utilizzati per migliorare le previsioni delle vendite, personalizzare l'esperienza del cliente e ottimizzare le operazioni del business.

Esperienza Omnicanale per i Clienti

Nell'attuale panorama dell'e-commerce, l'esperienza omnicanale è diventata sempre più pertinente. I clienti interagiscono con i brand attraverso diversi punti di contatto e piattaforme, e garantire un'esperienza cliente coerente e senza soluzione di continuità attraverso tutti questi canali è vitale. Ciò può includere la coerenza nel servizio clienti, nel messaggio di marca e nelle interazioni attraverso piattaforme online e offline.

Gestione del Rischi e Pianificazione della Contingenza

La gestione dei rischi e una solida pianificazione delle contingenze sono cruciali per navigare attraverso eventuali crisi o interruzioni impreviste. Questo potrebbe riguardare la mitigazione dei rischi associati alla catena di approvvigionamento, alle fluttuazioni del mercato, o alle crisi finanziarie. Avere un piano strutturato che definisce le azioni da intraprendere in caso di vari scenari negativi può salvaguardare il business da interruzioni potenzialmente devastanti.

Sviluppo Sostenibile e Responsabilità Sociale

La crescente attenzione verso lo sviluppo sostenibile e la responsabilità sociale d'impresa offre un'opportunità per i dropshipper di adottare pratiche più verdi e etiche. Questo non solo avrà un impatto positivo sulla società e sull'ambiente ma può anche essere utilizzato come un punto di differenziazione nel marketing e nel posizionamento del brand, attirando clienti che danno valore alla sostenibilità e all'etica aziendale.

Cybersecurity e Protezione dei Dati

In un mondo sempre più digitalizzato, la cybersecurity e la protezione dei dati dei clienti sono diventate preoccupazioni centrali. Assicurare che il tuo business sia protetto contro le minacce cibernetiche e che i dati dei clienti siano gestiti e archiviati in modo sicuro è non solo una questione legale ma anche di fiducia e reputazione del brand.

In conclusione, il mondo del dropshipping è complesso e sfaccettato, richiedendo una gestione oculata e una strategia ben rotonda per navigare con successo attraverso le sue numerose dimensioni e sfide.

Conclusione: Navigare nel Mosaico del Dropshipping

Concludendo il discorso sull'elaborato e multiforme universo del dropshipping, è fondamentale riconoscere che ogni aspetto sottolineato precedentemente non esiste in isolamento ma interagisce dinamicamente con gli altri, costruendo un mosaico intricato che definisce il percorso del successo nell'e-commerce basato su questo modello di business. Il ricorso efficace alla **tecnologia e ai dati** non si limita alla mera analisi delle metriche delle vendite, ma permea ogni angolo dell'operatività di un'impresa, intersecandosi con la **gestione**

della logistica, **la comprensione del consumatore**, e **l'adeguamento alle normative**. Per esempio, le analisi predittive dei dati possono influenzare decisioni logistiche, mentre la comprensione della psicologia del consumatore può guidare l'uso dei dati per creare campagne di marketing mirate e personalizzate. L'**esperienza omnicanale del cliente** e la **gestione della reputazione online**, pur essendo due entità distinte, si fondono in una sinergia dove una gestione efficace delle recensioni e del feedback online può influenzare positivamente l'esperienza del cliente, fornendo al contempo dati preziosi per ulteriori ottimizzazioni del percorso cliente attraverso diversi canali.

Il **branding**, poi, non è un'entità statica, ma un organismo vibrante che deve respirare attraverso tutti i punti di contatto con il cliente, dalla presentazione del sito web e delle piattaforme di social media, fino alla comunicazione via email e al servizio clienti. La coerenza del brand, quindi, deve essere meticolasamente tessuta attraverso tutte le interazioni e le piattaforme, avendo cura di rispecchiare i valori e le promesse del marchio. La **sostenibilità e la responsabilità sociale**, d'altro canto, vanno oltre il mero "essere verde" e devono essere incastonate nella struttura ossea del business, influenzando le decisioni a tutti i livelli, dal tipo di prodotti offerti, ai fornitori scelti, alla gestione degli imballaggi e delle spedizioni. Questa postura etica, a sua volta, deve essere comunicata in modo autentico attraverso tutti i canali di marketing e vendita, arricchendo il posizionamento del brand e la percezione del cliente.

Il punto di confluenza tra **conformità legale e normativa** e **cybersecurity** è particolarmente pregnante in un'era sempre più digitalizzata. Non solo è imperativo garantire la sicurezza e l'integrità dei dati dei clienti, ma è altresì vitale assicurarsi che tutte le operazioni e le strategie di raccolta e utilizzo dei dati siano in linea con le leggi e regolamentazioni locali e internazionali, preservando la fiducia del cliente e salvaguardando il business da potenziali conseguenze legali.

Infine, la **gestione dei rischi e la pianificazione della contingenza** non sono mere policy da redigere e conservare in un cassetto, ma strumenti viventi che devono essere periodicamente rivisti e aggiornati, considerando i cambiamenti nel mercato, i rischi emergenti e le lezioni apprese dalle esperienze passate. Questa gestione proattiva dei rischi dovrebbe essere integrata in ogni aspetto del business, dal finanziario al logistico, e avere come finalità una resilienza intrinseca che permetta al business di prosperare anche di fronte ad ostacoli e imprevisti.

Navigando tra queste dinamiche e tessendo con maestria ogni filo di questo ricco tapestry, un imprenditore nel campo del dropshipping può non solo creare un business redditizio ma anche contribuire al tessuto dell'economia digitale in modo etico, sostenibile e innovativo, arricchendo l'esperienza dei consumatori e spingendo il settore verso nuovi orizzonti. La navigazione accurata attraverso queste complesse acque, ricca di sfide e opportunità, richiede un mix equilibrato di astuzia strategica, agilità operativa e un impegno genuino verso la qualità e il servizio al cliente, costruendo così un'impresa che non solo sopravvive, ma prospera e porta valore in un mercato globalizzato e digitalizzato.

2. Vantaggi e Svantaggi • Analisi dei pro e contro del dropshipping.

2. Vantaggi e Svantaggi

Analisi dei pro e contro del dropshipping.

A. Vantaggi

1. Minore Investimento Iniziale

Il dropshipping è noto per richiedere un investimento finanziario iniziale relativamente basso rispetto ad altri modelli di business. Gli imprenditori non devono acquistare l'inventario in anticipo, il che elimina il rischio finanziario di acquistare prodotti che potrebbero non vendere.

2. Meno Complessità Logistica

Dato che la gestione delle scorte e la logistica delle spedizioni sono gestite dal fornitore, gli imprenditori possono concentrarsi su aspetti cruciali del business come il marketing, il servizio clienti e la gestione del sito web senza preoccuparsi della logistica e dell'immagazzinamento.

3. Ampia Selezione di Prodotti

Il modello di business consente anche una vasta selezione di prodotti da vendere, dal momento che non si deve acquistare l'inventario in anticipo. Ciò permette di sperimentare con vari mercati di nicchia e prodotti senza gravi implicazioni finanziarie.

4. Scalabilità

Dal momento che gran parte delle responsabilità operative quotidiane sono gestite dal fornitore, è relativamente semplice e poco costoso scalare il business di dropshipping, specialmente in termini di offerta prodotti.

B. Svantaggi

1. Margini di Profitto Più Bassi

Tipicamente, il dropshipping presenta margini di profitto più bassi rispetto ad altri modelli di business retail a causa della concorrenza elevata e della facilità di ingresso per gli altri venditori.

2. Dipendenza dai Fornitori

Affidarsi a terzi per la gestione dell'inventario e della spedizione crea una dipendenza, e qualsiasi problema o interruzione delle attività del fornitore potrebbe avere ripercussioni negative sul tuo business e sulla soddisfazione del cliente.

3. Maggiore Concorrenza

Data la bassa barriera all'ingresso, il dropshipping ha attratto una moltitudine di venditori, e la saturazione in certi mercati può rendere difficile emergere e guadagnare la fedeltà dei clienti.

4. Meno Controllo sui Livelli di Stock e sui Tempi di Consegna

Con il modello di dropshipping, il venditore ha meno controllo sui livelli di stock e sui tempi di consegna, il che può portare a problemi di disponibilità del prodotto e a possibili delusioni per il cliente.

C. Sintesi: Un Equilibrio Necessario

Mentre i vantaggi del dropshipping possono renderlo un modello di business attraente per gli imprenditori online, è fondamentale riconoscere e prepararsi anche per le sfide inerenti. Navigare tra i vantaggi e gli svantaggi richiede una strategia ben pianificata, che potrebbe includere la diversificazione dei fornitori per mitigare i rischi, l'implementazione di tattiche di marketing robuste per contrastare la concorrenza, e un solido servizio clienti per gestire eventuali problemi legati ai prodotti e alle spedizioni. L'abilità di bilanciare astutamente questi elementi può guidare il successo in un mercato caratterizzato tanto da opportunità quanto da ostacoli.

D. Navigare tra i Dettagli Fini del Dropshipping Quando ci si avventura più a fondo nel mondo del dropshipping, sorgono vari gradi di sfumature che meritano un'analisi dettagliata per una comprensione holistica dei vantaggi e degli svantaggi del modello.

5. Adattabilità al Mercato

In termini di vantaggi, la **flessibilità** è una delle caratteristiche chiave del dropshipping che meritano una menzione. La capacità di adattarsi rapidamente alle tendenze del mercato senza la zavorra di un inventario fisico consente ai rivenditori di sfruttare rapidamente le nuove opportunità di mercato e di non restare impantanati con stock invenduti in caso di cambio delle preferenze dei consumatori. Ad esempio, nel caso emergano nuovi trend o prodotti virali, un negozio di dropshipping può velocemente aggiungere questi articoli al proprio catalogo, rendendo l'offerta immediatamente attuale e pertinente.

6. Complessità nella Gestione dei Resi

Un altro aspetto critico da esplorare sono le **complicazioni nella gestione dei resi**. La dinamica tra il cliente, il rivenditore e il fornitore può diventare intricata quando un cliente desidera restituire un prodotto. La comunicazione e la gestione dei resi tra tutte le parti coinvolte possono essere macchinose e possono compromettere l'esperienza del cliente, se non gestite in modo efficiente e trasparente.

7. Analisi dei Dati e Comportamento del Cliente

Inoltre, la rilevanza dei **dati dei clienti** e l'analisi del comportamento del consumatore nel modello di dropshipping non possono essere trascurate. Avere una piattaforma e-commerce ben strutturata che consenta un'analisi approfondita dei dati dei clienti e dei comportamenti di acquisto può offrire spunti preziosi per ottimizzare ulteriormente l'offerta di prodotti e le strategie di marketing, compensando alcuni dei problemi relativi ai margini ridotti e alla concorrenza fornendo un'offerta personalizzata e mirata.

8. Intermediazione e Relazione con i Fornitori

L'intermediazione e la creazione di relazioni solide con i fornitori è un'altra faccia della medaglia nel dropshipping. Stabilire una comunicazione chiara e trasparente, nonché una comprensione delle aspettative e degli standard di qualità con i fornitori, è vitale. Non avendo il controllo diretto sulla gestione delle scorte e sulla spedizione, la scelta dei fornitori giusti, che condividano una visione simile in termini di qualità del servizio e soddisfazione del cliente, diventa un componente chiave per mitigare potenziali problemi e mantenere un'esperienza cliente positiva.

9. Esperienza del Cliente e Differenziazione

Infine, con un mercato così saturo e competitivo, l'**esperienza del cliente** e la **differenziazione** del brand diventano cruciali. In un mondo in cui il cliente ha un'abbondanza di scelte, creare una narrativa di marca unica e un'esperienza cliente coinvolgente può fare la differenza nel catturare e mantenere l'attenzione del cliente. L'uso strategico di tecniche di storytelling, contenuti visivi, e un'interfaccia utente intuitiva e piacevole, uniti a una comunicazione clienti eccellente e supporto post-vendita, possono servire a costruire quella lealtà del brand che è tanto difficile da ottenere nel dropshipping.

Queste sottigliezze e stratificazioni ulteriori dei vantaggi e svantaggi del modello di dropshipping forniscono una vista d'insieme più dettagliata e permettono di navigare con maggiore consapevolezza e strategia attraverso le molteplici sfaccettature di questo particolare mondo dell'e-commerce. Attraversare con successo questo labirinto richiede una miscela raffinata di strategie puntuali, analisi dati, e un'incessante attenzione alle dinamiche del mercato e ai desideri del cliente.

E. Incursione nella Qualità del Prodotto e nel Branding

10. Gestione della Qualità del Prodotto
Il controllo sulla **qualità del prodotto** spesso sfugge dalle mani dei dropshippers, data l'assenza di interazioni dirette con i prodotti fisici. La qualità, da una prospettiva sia materiale sia percettiva, è un pilastro nel sostenere e elevare il brand. Pertanto, la creazione di un solido sistema di valutazione e selezione dei fornitori, che vada oltre la mera disponibilità del prodotto e analizzi a fondo la qualità e l'affidabilità, è cruciale per minimizzare i rischi associati a prodotti difettosi o di bassa qualità,

che potrebbero danneggiare gravemente la reputazione del tuo business.

11. Costruire un Brand Forte

In una vertente più positiva, il dropshipping può offrire spazio ed energia per concentrarsi sulla costruzione e l'amplificazione del **branding**. Con più tempo a disposizione per focalizzarsi sull'esperienza del cliente, sul marketing e sulla creazione del brand, i dropshippers hanno l'opportunità di costruire un marchio riconoscibile e autentico, che possa essere la chiave per distinguersi in un mercato saturato.

F. Dinamiche Finanziarie e Stabilità Economica

12. Flusso di Cassa

Il **flusso di cassa** nell'ambito del dropshipping può presentare una sfida intrigante. Dal momento che spesso i pagamenti dei clienti sono ricevuti prima che sia effettuato il pagamento ai fornitori per i prodotti venduti, la gestione accurata dei flussi di cassa e una pianificazione finanziaria sagace sono vitali per mantenere l'operatività del business e per navigare con successo attraverso eventuali intoppi o ritardi nei cicli di pagamento.

13. Stabilità Economica

La **stabilità economica** del dropshipping può essere influenzata da fattori quali le fluttuazioni del mercato, la stagionalità delle vendite, e persino da eventi globali che possono influenzare le catene di fornitura e la disponibilità dei prodotti. Essere in grado di predire, o almeno di prepararsi per tali eventualità, e avere un piano B o un buffer finanziario, potrebbe proteggere il business da contraccolpi improvvisi e garantire una maggiore stabilità nel lungo termine.

G. Interfacce Tecnologiche e Innovazione

14. Automazione e Tecnologia

L'uso dell'**automazione** e della **tecnologia** nel dropshipping non è solo un vantaggio, ma quasi una necessità, data la quantità di processi che possono e dovrebbero essere automatizzati per garantire efficienza e precisione nell'operatività quotidiana. L'impiego di soluzioni tecnologiche per gestire aspetti quali l'aggiornamento automatico dei livelli di stock, i prezzi, e lo stato delle spedizioni, non solo riduce il carico di lavoro manuale ma aumenta anche l'accuratezza e la velocità di esecuzione, offrendo così un servizio più fluido al cliente finale.

15. Sicurezza e Protezione dei Dati

Non meno importante, la **sicurezza** e la **protezione dei dati** dei clienti sono fondamentali per costruire e mantenere la fiducia. Il passaggio a una piattaforma online comporta l'assunzione della responsabilità di proteggere le informazioni sensibili dei clienti, e l'implementazione di tecnologie e protocolli robusti per garantire che i dati siano trattati e conservati in modo sicuro è una parte inscindibile del gestire un business di e-commerce responsabile e affidabile.

La navigazione attraverso le acque talvolta tempestose del dropshipping continua a svelare una complessità stratificata di sfide e opportunità, ciascuna delle quali richiede una profonda riflessione e strategie ben ponderate per essere affrontata in modo efficace. Mentre si svelano nuove sfaccettature, le decisioni strategiche prese in ogni singola area non solo influenzano l'operatività quotidiana del business, ma anche la percezione del cliente e, in ultima analisi, il successo a lungo termine del marchio.

16. Aspetti Legali e Fiscali

La navigazione attraverso gli **aspetti legali e fiscali** del dropshipping è un elemento che richiede un esame attento. Le leggi che regolano il commercio elettronico e il dropshipping variano notevolmente da paese a paese. Ad esempio, ci sono regole specifiche riguardanti la protezione del consumatore, le politiche di reso, la privacy dei dati e le tasse che devono essere osservate. La conoscenza e la conformità a tali regolamenti non sono solo legalmente obbligatorie, ma contribuiscono anche a costruire un'immagine positiva del brand, mostrando trasparenza e affidabilità agli occhi dei clienti.

17. Responsabilità del Prodotto

La **responsabilità del prodotto** è un'altra questione legale da sondare profondamente. In molte giurisdizioni, anche se un rivenditore non produce l'articolo che vende, può essere ritenuto responsabile per i danni o i problemi che esso causa. Questo amplifica l'importanza della selezione accurata dei fornitori e dei prodotti, garantendo non solo che siano di alta qualità ma anche conformi agli standard e alle normative del settore.

I. Gestione delle Relazioni e Servizio Clienti

18. Relazioni con i Clienti

La **gestione delle relazioni** con i clienti in uno scenario di dropshipping dovrebbe essere articolata con attenzione. Il servizio clienti, il supporto post-vendita, e la gestione delle lamentele e dei resi necessitano di un impegno significativo per mantenere la soddisfazione del cliente e promuovere la lealtà al brand. Inoltre, la costruzione di un CRM (Customer Relationship Management) solido, che centralizzi tutte le interazioni con i clienti, può permettere una gestione ottimizzata e personalizzata di ogni cliente o potenziale tale.

19. Comunicazione e Feedback

Altresì, la **comunicazione e il feedback** continuo con i clienti sono essenziali per migliorare continuamente l'offerta e il servizio. Implementare canali efficaci e intuitivi attraverso cui i clienti possono esprimere le proprie preoccupazioni, dare feedback e cercare supporto, non solo migliora la loro esperienza ma fornisce anche dati preziosi per affinare ulteriormente gli aspetti del business.

J. Strategie di Marketing e Posizionamento

20. Posizionamento e Niche di Mercato

Il **posizionamento nel mercato** e la selezione di una nicchia specifica possono essere fatti chiave per emergere nel dropshipping. L'identificazione di segmenti di mercato o nicchie meno saturate o con esigenze specifiche non ancora soddisfatte, e la costruzione di un'offerta mirata può creare un vantaggio competitivo sostenibile, attirando un pubblico fedele e disposto a pagare una premium price per prodotti specializzati.

21. Marketing Mix e Promozioni

Progettare un **marketing mix** efficace e strategie promozionali, che includano pubblicità pay-per-click (PPC), ottimizzazione dei motori di ricerca (SEO), marketing di contenuto e sfruttamento dei social media, è vitale per aumentare la visibilità e attrarre un flusso costante di clienti. Offerte e promozioni stagionali, unitamente a programmi di fidelizzazione e referral, possono non solo attrarre nuovi clienti ma anche incoraggiare ripetute vendite e passaparola positivo.

Le ramificazioni dell'arte e della scienza del dropshipping continuano a svelarsi man mano che ci si immerge più profondamente nelle sue acque, evidenziando la necessità di un approccio olistico e multidimensionale per governare con successo le sue molteplici sfaccettature. Ogni decisione, da quelle legali a quelle di marketing, non solo ha ripercussioni immediate sul funzionamento quotidiano del business, ma tessendo la tela complessiva del marchio, informa e forma il percorso verso il successo e la sostenibilità nel tempo nel paesaggio mutevole del commercio elettronico.

K. Scalabilità e Sostenibilità del Business
22. Strategie di Scalabilità
La **scalabilità** è una sfida peculiare nel dropshipping. Definire una roadmap chiara su come il business possa crescere e su come le operazioni, la tecnologia, e le risorse umane possano essere scalate in modo sostenibile è essenziale per evitare roadblocks operativi e mantenere un servizio clienti eccellente durante le fasi di crescita. Essere capaci di bilanciare l'espansione del catalogo prodotti, l'ingresso in nuovi mercati e l'ampliamento delle operazioni logiche e di supporto clienti richiede una pianificazione meticolosa e spesso l'adozione di tecnologie più avanzate.

23. Sostenibilità Ambientale e Etica

Oltre alla scalabilità finanziaria ed operativa, la **sostenibilità** - tanto ambientale quanto etica - sta diventando un punto chiave per i consumatori. La selezione di fornitori che aderiscono a pratiche ecologicamente e socialmente sostenibili, e la costruzione di un brand che promuove attivamente tali valori, non solo risuona positivamente con una larga fetta di consumatori ma può anche offrire una differenziazione nel mercato.

L. Logistica e Gestione delle Scorte

24. Ottimizzazione della Logistica

Anche se il modello di dropshipping elimina la necessità di gestire un magazzino fisico, la **logistica** rimane un punto cruciale. Assicurarsi che i fornitori siano in grado di spedire i prodotti in modo tempestivo e sicuro, e possibilmente offrire diverse opzioni di spedizione per soddisfare le diverse esigenze dei clienti, è fondamentale per mantenere elevati livelli di soddisfazione del cliente.

25. Monitoraggio delle Scorte

Il **monitoraggio delle scorte** dei fornitori e la comunicazione tempestiva delle indisponibilità o dei ritardi ai clienti è essenziale per mantenere una relazione positiva con essi e gestire le aspettative in modo proattivo.

L'implementazione di tecnologie che permettano di monitorare in tempo reale le scorte dei fornitori può minimizzare il rischio di vendite di prodotti non disponibili.

M. Adattabilità e Gestione dei Cambiamenti

26. Adattabilità di Business

L'**adattabilità** nel dropshipping è chiave per navigare attraverso le mutevoli tendenze del mercato, le preferenze dei consumatori e le sfide globali come la pandemia. Essere capaci di pivotare rapidamente, adottare nuovi prodotti o cambiare fornitori quando necessario, può essere vitale per mantenere l'operatività e la relevanza nel mercato.

27. Gestione dei Cambiamenti Organizzativi

Una **gestione efficace dei cambiamenti** a livello organizzativo, che include la formazione continua del team, l'adozione di nuove tecnologie e l'aggiornamento delle procedure operative, assicura che il business possa evolversi senza intoppi e che il team sia allineato e competente nel navigare nuove sfide e opportunità.

N. Analisi e Uso dei Dati

28. Analisi Dati e Insights del Cliente

L'**analisi dei dati** e l'estrazione di insights preziosi sui comportamenti, le preferenze e le demografie dei clienti non solo informano le strategie di marketing e di prodotto, ma contribuiscono anche a personalizzare l'esperienza del cliente, migliorando la rilevanza e l'efficacia delle comunicazioni e delle offerte.

29. Predizioni e Modellazione

Sviluppare competenze nella **predizione e nella modellazione dei dati**, per anticipare le tendenze del mercato e prevedere la domanda di certi prodotti, può offrire un vantaggio competitivo, permettendo di adeguare rapidamente l'offerta e le strategie di marketing a un paesaggio in continuo mutamento.

La profondità e l'ampiezza delle competenze, conoscenze e strategie necessarie per navigare con successo il mondo del dropshipping sono ampie e multidimensionali. Ogni angolo esplorato rivela nuove sfide e opportunità, richiedendo un impegno costante nello sviluppo e nell'adattamento delle competenze, nella sperimentazione di nuove idee e nell'apprendimento continuo da successi e fallimenti. Mentre il percorso del dropshipping continua ad evolversi, mantenere una mentalità agile e centrata sul cliente guiderà verso scelte più informate e sostenibili nel costruire un business prospero nel vibrante e complesso mondo dell'e-commerce.

Conclusione del Punto: L'Articolato Mosaico del Dropshipping

Il business del dropshipping, con la sua apparente semplicità operativa, nasconde un intricato mosaico di sfide e decisioni strategiche che permeano ogni singolo aspetto dell'impresa. Da una robusta e dinamica presenza online, alla selezione e gestione oculata dei fornitori, ogni elemento non è un'isola, ma parte integrante di un sistema che necessita di coesione e sinergia per funzionare in modo ottimale.

La Gestione Complessa di Multipli Fattori

A dispetto del non dover gestire fisicamente un inventario, la gestione di un business basato su dropshipping richiede un monitoraggio meticoloso delle scorte dei fornitori, delle tempistiche di spedizione, della qualità dei prodotti e dell'efficacia del servizio clienti. Ogni componente, dalla scelta dei prodotti alla definizione delle strategie di prezzo, dal marketing mix alla comunicazione con i clienti, necessita di una pianificazione e una realizzazione che sia attentamente tarata sui bisogni e sui desideri del target di riferimento, mantenendo al contempo un occhio fisso sull'efficienza e sull'efficacia operativa.

Strategie di Adattamento e Innovazione

L'adattabilità diventa non solo un vantaggio ma una necessità imprescindibile, consentendo al business di rimanere resiliente di fronte alle mutevoli condizioni del mercato e alle sfide emergenti. Questo implica anche una volontà di abbracciare l'innovazione, di esplorare nuove strategie e di non temere di reimpostare il corso quando le circostanze lo richiedono.

Legittimità, Etica e Responsabilità

Inoltre, la navigazione attraverso questioni legali, fiscali e di conformità, la gestione responsabile e etica delle relazioni con clienti e partner, e l'adozione di pratiche sostenibili e rispettose dell'ambiente, non sono più opzioni, ma aspettative che il mercato pone a chiunque operi nell'ambito e-commerce e dropshipping. La transparenza, l'equità e l'integrità diventano pilastri centrali non solo nel costruire ma anche nel mantenere la fiducia e la lealtà del cliente.

Dati Come Bussola Strategica

In questa rete complessa e multidimensionale, i dati e le analisi assumono un ruolo centrale, fungendo da bussola che guida attraverso le decisioni strategiche e operativa. Dal comprendere il comportamento del consumatore, al prevedere le tendenze, al monitorare le performance interne, l'uso oculato dei dati permette di navigare con maggiore sicurezza nel turbolento mare del commercio elettronico.

Costruire Relazioni a Lungo Termine

Infine, la costruzione e la gestione delle relazioni, sia con i clienti sia con i partner commerciali, vanno ben oltre la mera transazione commerciale. Diventano fondamenta su cui edificare la reputazione, la rilevanza e la resilienza del business nel lungo termine. L'arte di coltivare queste relazioni, attraverso una comunicazione efficace, un servizio clienti eccellente e una coerenza tra promesse e realtà, è un ingrediente indispensabile per il successo sostenibile.

In conclusione, sebbene il dropshipping offra un accesso relativamente agevole al mondo dell'imprenditorialità online, il suo percorso è disseminato di decisioni cruciali, sfide da navigare e competenze da acquisire e affinare continuamente. La prosperità in questo dominio richiede non solo un impegno costante, ma anche una profonda comprensione dell'ecosistema commerciale, dei suoi attori e delle dinamiche in gioco, intrecciando sapientemente insieme le numerose fila che compongono il tessuto del business del dropshipping.

3. Trovare un Nicchia di Mercato • Ricerca e selezione del mercato di destinazione.

Ricerca e Selezione del Mercato di Destinazione

Esplorazione Iniziale

La ricerca di una **nicchia di mercato** efficace inizia con un'esplorazione ampio raggio delle opportunità esistenti. Esaminare diversi mercati, tenere traccia delle tendenze emergenti e monitorare le attività della concorrenza può fornire intuizioni iniziali preziose.

Identificazione delle Tendenze di Mercato

Un occhio attento alle tendenze attuali e future può rivelare nicchie non ancora saturate o in crescita esponenziale. Utilizzare strumenti di ricerca di tendenze, come Google Trends, e monitorare piattaforme social e forum può aiutare a identificare interessi e bisogni emergenti.

Analisi della Concorrenza

Comprendere l'ambiente competitivo in una potenziale nicchia è fondamentale. Chi sono i principali player? Quali sono le loro forze e debolezze? Un'analisi SWOT può fornire uno sguardo chiaro sulle opportunità e le minacce presenti in un determinato mercato.

Identificazione del Pubblico Target

Definire chiaramente il pubblico target è fondamentale: quali sono le loro esigenze, desideri e problemi? Svolgere interviste, sondaggi e utilizzare dati demografici e psicografici può creare un profilo dettagliato del cliente ideale.

Validazione dell'Idea

Prima di impegnarsi completamente in una nicchia, è cruciale validare l'idea di business. Creare un MVP (Prodotto Minimo Viable), svolgere test A/B, e raccogliere feedback dai potenziali clienti può fornire dati validi sulla viabilità dell'idea.

Analisi delle Parole Chiave

Utilizzare strumenti SEO e di analisi delle parole chiave per esplorare il volume di ricerca, la difficoltà e la concorrenza nelle parole chiave rilevanti per la nicchia. Questo può anche rivelare sub-nicchie o categorie correlate che potrebbero essere degne di ulteriori indagini.

Legislazione e Conformità

Verificare che la vendita di prodotti o servizi nella nicchia prescelta sia conforme alla legislazione locale e internazionale. Questo include aspetti legati alla privacy del cliente, ai diritti dei consumatori e alle normative specifiche dell'industria.

Sostenibilità e Prospettive Future

Valutare la sostenibilità della nicchia nel lungo termine. È una moda passeggera o ha il potenziale per crescere o mantenersi nel tempo? Esaminare dati storici e previsioni di settore può dare una visione delle prospettive future.

Approvvigionamento e Logistica

Considerare la disponibilità, la qualità e la logistica dei prodotti nella nicchia selezionata. L'affidabilità dei fornitori e i tempi di spedizione ragionevoli sono essenziali per mantenere la soddisfazione del cliente e la reputazione dell'azienda.

Posizionamento e Differenziazione

Infine, stabilire come il tuo business si posizionerà nella nicchia. Qual è il tuo USP (Unique Selling Proposition)? Come puoi differenziarti dai concorrenti e creare un'offerta irresistibile per il tuo target?

Ciascuno di questi punti richiede un'attenta riflessione e analisi per garantire che la nicchia scelta non solo sia lucrativa ma anche sostenibile, etica e in linea con i tuoi valori e obiettivi aziendali. La scelta della giusta nicchia è fondamentale per il successo a lungo termine nel dropshipping e, se fatta con attenzione e basata su dati solidi e ricerche approfondite, può fornire una base solida su cui costruire il tuo business.

Continuando a esplorare il tema della selezione di una nicchia di mercato nel contesto del dropshipping, immergiamoci in ulteriori aspetti e sfaccettature di questo processo critico.

Esperienza Cliente e Valore Aggiunto

Un focus centrale dovrebbe gravitare intorno all'esperienza del cliente e al valore aggiunto che il tuo business può offrire. La comprensione profonda delle motivazioni, dei comportamenti d'acquisto e delle aspettative del tuo pubblico target può rivelare opportunità per migliorare o personalizzare l'esperienza cliente in modi che i concorrenti potrebbero non aver considerato. Ad esempio, potresti scoprire un desiderio inespresso per opzioni di prodotto più sostenibili, un servizio clienti più attento, o un'esperienza di acquisto online più intuitiva e piacevole. Le recensioni dei clienti, i commenti sui social media e le discussioni nei forum di settore possono essere fonti inestimabili di insight in questa area.

Monitoraggio Continuo

L'ambiente di mercato è dinamico e ciò che è rilevante e richiesto oggi potrebbe non esserlo domani. Il monitoraggio continuo delle preferenze del cliente, delle condizioni di mercato e delle innovazioni tecnologiche è fondamentale per mantenere la rilevanza e l'attrattiva della tua offerta. Sistemi di ascolto del cliente, piattaforme di gestione delle relazioni con i clienti (CRM) e strumenti di analisi dei dati possono svolgere un ruolo chiave nel mantenere il polso del mercato e nell'adattare la tua strategia di conseguenza.

Resilienza alle Fluttuazioni di Mercato

Alcune nicchie possono essere particolarmente soggette a fluttuazioni stagionali o economiche. Analizzare e comprendere questi pattern ti permetterà di pianificare in anticipo e sviluppare strategie per mitigare l'impatto delle recessioni o sfruttare i picchi. Ciò potrebbe includere la diversificazione dell'offerta, lo sviluppo di nuovi canali di vendita, o l'adozione di strategie di prezzo dinamico.

Intersezioni di Nicchia

Esplorare le intersezioni tra diverse nicchie potrebbe rivelare opportunità uniche e non sfruttate. Per esempio, l'incrocio tra fitness e tecnologia wearable, o tra benessere e prodotti ecologici. Queste intersezioni possono attrarre segmenti di clientela con interessi e valori specifici e potrebbero offrire vie innovative per la differenziazione e la creazione di valore.

Collaborazioni e Partnership

L'esplorazione delle opportunità per collaborazioni e partnership può aprire nuove porte e arricchire l'offerta del tuo business di dropshipping. Potresti collaborare con marchi, influencer, o creatori che risuonano con la tua nicchia, creando offerte congiunte, pacchetti o promozioni che aumentano il valore per il cliente e arricchiscono l'esperienza d'acquisto.

Sviluppo di un Marchio Forte

Un altro aspetto cruciale è lo sviluppo del brand. La tua nicchia non dovrebbe solo informare il tipo di prodotti che offri, ma anche la voce, l'identità e i valori del tuo marchio. La coerenza tra la tua nicchia di mercato e il tuo marchio contribuirà a costruire una connessione più profonda e autentica con i tuoi clienti e a distinguerti in un mercato affollato.

Etica e Sostenibilità

Il ruolo dell'etica e della sostenibilità è sempre più centrale nelle decisioni d'acquisto dei consumatori. Valuta come la tua nicchia si allinea con questi valori e considera come puoi incorporare prassi etiche e sostenibili nel tuo modello di business, dalla selezione dei fornitori alla gestione delle operazioni e del servizio clienti.

Tutti questi elementi rappresentano tasselli di un puzzle che, quando assemblato con cura e strategia, può non solo elevare il tuo business di dropshipping al successo ma anche contribuire a costruire un marchio sostenibile, etico e centrato sul cliente nel lungo termine. Navigare attraverso queste considerazioni richiede dedizione, flessibilità e una disposizione all'apprendimento e all'adattamento continuo, poiché ogni nicchia porta con sé una propria unica serie di sfide e opportunità.

Esploriamo ulteriori dimensioni e concetti che possono influenzare la scelta e lo sviluppo di una nicchia di mercato nel contesto del dropshipping.

Inclusione di Tecnologia e Innovazione

In un'era sempre più digitale, integrare tecnologia e innovazione nella tua nicchia non solo può aumentare l'efficienza operativa, ma anche migliorare l'esperienza del cliente e la proposta di valore del tuo marchio. Adottare soluzioni tecnologiche come l'intelligenza artificiale per personalizzare l'esperienza d'acquisto, o utilizzare la blockchain per garantire la tracciabilità e l'autenticità dei prodotti, può creare un vantaggio competitivo e al tempo stesso soddisfare le esigenze specifiche del tuo segmento di mercato.

Integrazione Multicanale

Un approccio multicanale può essere essenziale
per raggiungere il tuo pubblico laddove sono più
attivi e ricettivi. Oltre al tuo negozio online,
considera altre piattaforme e canali di vendita
che potrebbero essere pertinenti per la tua
nicchia, come marketplace online, social
commerce o addirittura punti vendita fisici
temporanei come i pop-up store. La coerenza tra
i vari canali in termini di branding,
comunicazione e servizio al cliente è cruciale per
offrire un'esperienza omogenea e integrata.

Globalizzazione vs. Localizzazione

La scelta tra un approccio globale o locale può
avere un impatto significativo sulla selezione e
sull'evoluzione della tua nicchia. Considera se la
tua offerta e il tuo messaggio hanno l'appeal e la
rilevanza per attrarre un pubblico internazionale,
o se sarebbe più vantaggioso concentrarsi su un
mercato locale o regionale, personalizzando la
tua offerta per soddisfare bisogni, gusti e
aspettative specifici.

Analisi del Ciclo di Vita del Prodotto

Ogni prodotto ha un suo ciclo di vita, che
attraversa diverse fasi da lancio, crescita,
maturità a declino. Comprendere dove si trovano
i tuoi prodotti nel loro ciclo di vita, e come questo
si allinea con la dinamica della tua nicchia di
mercato, ti permetterà di pianificare in anticipo

strategie di aggiornamento, innovazione o diversificazione del prodotto.

Accessibilità e Usabilità

L'accessibilità e l'usabilità del tuo store online e dei tuoi prodotti devono essere considerate attentamente per garantire che tu non escluda involontariamente potenziali clienti. Ad esempio, il tuo sito web è facilmente navigabile e accessibile a persone con diverse abilità? I tuoi prodotti e il tuo servizio clienti sono inclusivi e considerati per diverse demografie e comunità?

Risorse e Capacità Organizzative

La tua capacità di servire efficacemente la tua nicchia dipende anche dalle tue risorse e capacità interne. Ciò include non solo la tua infrastruttura tecnologica e logistica, ma anche le competenze, la conoscenza e l'expertise del tuo team. Sviluppare o acquisire le competenze necessarie per comprendere, connettersi e servire al meglio il tuo segmento di mercato è essenziale per creare un'offerta convincente e sostenibile.

Feed-back Ciclico e Miglioramento Continuo

Stabilire meccanismi per raccogliere, analizzare e agire in base al feedback dei clienti e alle performance di mercato ti permetterà di adattare e ottimizzare continuamente la tua offerta e il tuo operato. Questo principio di miglioramento continuo e adattamento al cambiamento è fondamentale per mantenere la rilevanza e la competitività nel tempo, specialmente in un contesto di mercato dinamico e in evoluzione come quello del dropshipping.

Strategie di Prezzo

Il posizionamento del prezzo dei tuoi prodotti richiede una riflessione ponderata. Devi considerare fattori come il potere d'acquisto del tuo segmento target, la percezione del valore, e i prezzi della concorrenza. Inoltre, strategie come sconti, offerte bundle, e programmi di fedeltà possono essere utilizzate per ottimizzare il prezzo e al tempo stesso incentivare la lealtà e la ripetizione degli acquisti.

L'approfondimento in ognuna di queste aree ti permetterà di costruire un business di dropshipping solido e sostenibile, capace di navigare attraverso le sfide del mercato e prosperare in una nicchia ben definita. Sviluppare una conoscenza profonda della tua nicchia e rimanere sintonizzato con il suo evolversi è un impegno continuo, che richiede curiosità, agilità e una sincera passione per il servizio al cliente.

Continuando ad esplorare il territorio della scelta e dello sviluppo di una nicchia nel business del dropshipping, vanno sottolineati altri fattori e dimensioni importanti che possono fornire approfondimenti e indicazioni cruciali.

Competizione e Barriere all'Entrata

Analizzare la concorrenza esistente nella tua nicchia scelta, non solo offre una vista degli attori chiave e delle dinamiche del mercato, ma può anche aiutarti a identificare eventuali barriere all'entrata e a sviluppare strategie per superarle o eluderle. Ad esempio, ci possono essere forti marchi dominanti, regolamenti specifici dell'industria, o requisiti di capitale elevati che potrebbero influenzare la tua capacità di penetrare e crescere nel mercato.

Agilità Operativa

La tua abilità di operare con agilità e adattarti rapidamente ai cambiamenti del mercato è fondamentale per il successo nel dropshipping, specialmente in nicchie di mercato che possono essere soggette a tendenze in rapida evoluzione. Questo richiede sistemi e processi flessibili, una catena di fornitura reattiva e un team in grado di gestire e implementare i cambiamenti in modo efficiente e tempestivo.

Gestione del Rischio

L'identificazione e la gestione proattiva dei rischi è vitale in ogni business. Nel contesto del dropshipping e della selezione di una nicchia, i rischi possono includere la dipendenza da fornitori unici, cambiamenti nelle politiche dei trasportatori, fluttuazioni della domanda del mercato, o l'emergere di nuovi concorrenti. Creare strategie di mitigazione del rischio e piani di continuità operativa ti posizionerà in modo favorevole per navigare attraverso sfide e intoppi imprevisti.

Protezione Legale e Conformità

A seconda del tipo di prodotti che scegli di vendere e dei mercati che scegli di servire, ci potrebbero essere considerazioni legali e di conformità significative. Ciò potrebbe includere normative relative alla sicurezza dei prodotti, diritti d'autore, privacy del cliente e molto altro. È essenziale comprendere a fondo questi aspetti per proteggere il tuo business da eventuali controversie legali e assicurare la conformità alle normative in vigore.

Networking e Comunità

Estendere il tuo network e partecipare attivamente nelle comunità pertinenti alla tua nicchia ti offrirà accesso a una ricchezza di conoscenze, opportunità di collaborazione e potenziali clienti. Assistere a fiere del settore, partecipare a forum online, e collaborare con altri attori del settore possono arricchire la tua comprensione del mercato e ampliare la visibilità del tuo business.

Differenziazione dei Prodotti

Esplorare modi per differenziare i tuoi prodotti o la tua offerta nel complesso può offrirti un ulteriore vantaggio nel mercato. Ciò potrebbe implicare la creazione di bundle di prodotti esclusivi, l'offerta di edizioni limitate, o l'implementazione di programmi di personalizzazione dei prodotti per accrescere l'appello e la unicità del tuo catalogo.

Sicurezza e Protezione dei Dati

Garantire la sicurezza del tuo negozio online e proteggere i dati dei tuoi clienti dovrebbe essere una priorità assoluta. L'implementazione di protocolli di sicurezza robusti e la conformità alle normative sulla protezione dei dati rafforzeranno la fiducia dei clienti e minimizzeranno il rischio di violazioni dati e altre questioni relative alla sicurezza informatica.

Analisi Psicografica del Consumatore

Oltre a comprendere le esigenze e i desideri funzionali del tuo mercato target, immergerti nelle loro motivazioni, atteggiamenti e comportamenti psicologici può rivelare nuove opportunità per connetterti e comunicare con loro in modo più profondo ed efficace.

Percorsi di Fidelizzazione

Esamina e sviluppa percorsi chiari per la fidelizzazione dei clienti. Dall'onboarding iniziale fino alle strategie di ritenzione a lungo termine, ogni tappa del viaggio del cliente dovrebbe essere attentamente considerata e ottimizzata per massimizzare la soddisfazione e la lealtà del cliente.

Navigare attraverso queste aree e integrarle nella tua strategia globale di dropshipping fornirà una base solida e multidimensionale dalla quale lanciare e far crescere il tuo business in una nicchia di mercato scelta. Ogni punto richiede un'analisi approfondita e un'attuazione ponderata, assicurandoti che ogni decisione sia informata, strategica e allineata con le tue capacità, obiettivi e il contesto di mercato.

Trend del Mercato e Adattabilità

Trend del mercato e capacità di adattamento sono due concetti chiave nel mondo del dropshipping. Essere sempre all'avanguardia e riconoscere i segnali di mercato può farti mantenere una posizione proattiva piuttosto che reattiva. Il monitoraggio costante delle tendenze del mercato, dei cambiamenti nei comportamenti dei consumatori e dell'evoluzione delle preferenze è cruciale. Strumenti come Google

Trends, rapporti di settore e piattaforme di social listening possono essere utili per mantenere un occhio su possibili modelli emergenti.

Automazione dei Processi

L'automazione dei processi di business è vitale per scalare il tuo business di dropshipping in modo efficiente e per gestire volume e complessità crescenti. Esplora come l'automazione può essere integrata nelle operazioni quotidiane, ad esempio nell'elaborazione degli ordini, nella gestione dell'inventario e nel servizio clienti, per aumentare l'efficienza e ridurre la possibilità di errori umani.

Educazione del Consumatore

In alcune nicchie, specialmente quelle che includono prodotti innovativi o unici, l'educazione del consumatore può essere un elemento chiave. Sviluppa materiali informativi e campagne educative che aiutino i clienti a comprendere il valore e l'uso dei tuoi prodotti. Questo non solo migliora la percezione del tuo brand ma può anche ridurre i tassi di reso e aumentare la soddisfazione del cliente.

Integrazione di Tecnologie Emergenti

L'adozione e l'integrazione di tecnologie emergenti, come l'intelligenza artificiale, la realtà virtuale, o le piattaforme blockchain, possono offrire opportunità uniche di differenziarsi e migliorare l'esperienza del cliente. Ad esempio, l'utilizzo di chatbot per il servizio clienti o l'adozione di tecnologie VR per fornire esperienze di shopping immersive possono diventare un fattore distintivo.

Approvvigionamento Etico

L'attenzione verso la sostenibilità e l'etica sta diventando sempre più prevalente tra i consumatori. Considera come l'approvvigionamento etico e la sostenibilità possono essere integrati nella tua offerta e comunicazione. Lavorare con fornitori che adottano pratiche etiche e trasparenti e comunicare questo impegno ai tuoi clienti può rafforzare la tua posizione nel mercato e attirare una clientela consapevole.

Collaborazioni Strategiche

Collaborare con brand, influencer o altri attori chiave del settore può ampliare la tua portata e arricchire la tua offerta. Questo può includere collaborazioni su prodotti esclusivi, campagne di marketing congiunte, o programmi di affiliazione che offrono benefici reciproci.

Gestione delle Recensioni e Reputazione Online

Un aspetto spesso sottovalutato, ma vitale, è la gestione della reputazione online e delle recensioni. Un'efficace strategia per gestire e rispondere alle recensioni, sia positive che negative, e prendere in considerazione il feedback dei clienti può migliorare significativamente la percezione del tuo brand e la fiducia dei clienti.

Pricing Strategico

Implementare strategie di pricing dinamico e flessibile, che ti permettano di adattarti alle fluttuazioni del mercato, alle attività dei concorrenti e alle variazioni della domanda, è cruciale per massimizzare i margini di profitto e mantenere la competitività.

Logistica e Gestione delle Scorte

Anche se il modello di dropshipping ti esonera dalla gestione diretta delle scorte, comprendere e ottimizzare la logistica dei tuoi fornitori e assicurarti che siano in grado di soddisfare tempestivamente le esigenze dei tuoi clienti è fondamentale per garantire la soddisfazione e ridurre i tempi di consegna.

Strategie Multicanale

Esplorare e integrare vari canali di vendita e marketing per creare un'esperienza clienti omogenea attraverso diversi punti di contatto. L'utilizzo coordinato di marketplace online, social media, e-mail marketing, e possibilmente anche vendite offline, può ampliare la tua portata e offrire diversi percorsi verso il tuo brand e prodotti.

Esplorando e integrando questi vari aspetti in modo olistico, il tuo business di dropshipping avrà una base più solida e sarà in grado di navigare con maggiore efficacia attraverso la complessità del mercato e delle operazioni quotidiane. Ancora una volta, ognuno di questi punti merita un'attenta considerazione e pianificazione per assicurare che siano implementati in modo che si allineino e supportino gli obiettivi globali e la strategia del tuo business.

Analisi della Concorrenza

Esaminare ciò che la concorrenza sta facendo nel tuo spazio di nicchia è vitale per scolpire il tuo spazio unico nel mercato. Identifica chi sono i tuoi concorrenti diretti e indiretti e svolgi un'analisi SWOT (Forze, Debolezze, Opportunità, Minacce) per comprendere dove puoi differenziarti e dove potresti incontrare sfide.

Customer Journey Mapping

Cartografare il percorso del cliente attraverso ogni punto di contatto con il tuo business ti aiuta a comprendere e ottimizzare ogni fase dell'esperienza del cliente. Ciò include il primo contatto, la considerazione, l'acquisto, il servizio post-vendita, e la fidelizzazione del cliente. La conoscenza dei bisogni e delle aspettative del cliente in ciascuna di queste fasi ti permette di creare strategie per migliorare l'interazione e la soddisfazione del cliente.

Analisi Dati e Metriche

Utilizzare analytics e KPI (Indicatori Chiave di Prestazione) specifici per tracciare e misurare il rendimento del tuo business in diversi settori operativi. Da Google Analytics per monitorare il traffico web e il comportamento degli utenti, a metriche di vendita, tassi di conversione, e ROI delle campagne pubblicitarie, l'analisi dei dati ti offre preziosi insight per prendere decisioni informate.

Assistenza Clienti di Qualità

Assicurarti che il tuo servizio clienti sia ineccepibile, rispondendo tempestivamente alle query e risolvendo i problemi in modo efficace e professionale. Considera l'implementazione di vari canali di supporto, come chat dal vivo, email, e supporto telefonico, e assicurati che il team sia ben formato e informato sui tuoi prodotti e politiche.

Strategie di Content Marketing

Sviluppare un piano di content marketing robusto e coerente che coinvolge il tuo pubblico target con contenuti pertinenti, utili, e interessanti. Ciò può includere blog, guide, video, webinar, e altro ancora, mirati a stabilire la tua marca come un'autorità nel tuo spazio di nicchia e a guidare il traffico verso il tuo sito.

Rispetto delle Normative Locali

Essere consapevoli e conformarsi alle varie normative locali e internazionali relative al commercio elettronico, privacy dei dati, e diritti dei consumatori. Questo include GDPR per la privacy dei dati in Europa e vari regolamenti relativi ai diritti dei consumatori nelle diverse regioni in cui operi.

Ottimizzazione per la Mobile Experience

Considera che una porzione significativa dei consumatori farà acquisti tramite dispositivi mobili. Pertanto, assicurarti che il tuo sito web sia ottimizzato per una navigazione e un'esperienza d'acquisto fluide su dispositivi mobili è fondamentale per non perdere potenziali vendite.

Gestione dei Resi

Creare una politica di resi chiara e favorevole al cliente, ma che tuteli anche il tuo business. La gestione efficace dei resi e la capacità di offrire soluzioni rapide e convenienti ai clienti in caso di problemi sono cruciali per mantenere elevati livelli di soddisfazione del cliente e recensioni positive.

Adattabilità Culturale

Se ti stai espandendo a livello internazionale, l'adattabilità culturale e la comprensione delle diverse norme e aspettative dei consumatori nelle varie regioni è chiave. Ciò può influenzare tutto,

dalla comunicazione di marketing alla
progettazione del sito web, alla selezione del
prodotto.

Fedelta' del Cliente

Esplora programmi e strategie di fidelizzazione
del cliente, come programmi di punti, offerte
esclusive, e club a membri, per incoraggiare
ripetizioni d'acquisto e aumentare il valore della
vita del cliente (CLV).

Pianificazione Finanziaria e Gestione del Budget

Ottimizzare la pianificazione finanziaria e la
gestione del budget, proiettando le entrate e le
spese, e assicurandoti che ci sia una solida
strategia per la gestione del flusso di cassa e per
l'investimento in crescita futura.

Ogni singolo punto sopra menzionato può essere
ulteriormente scomposto e analizzato in
profondità, creando sottocategorie specifiche e
dettagliate, assicurando che la tua nicchia di
mercato nel mondo del dropshipping sia coperta
da una prospettiva a 360 gradi. La chiave è
rimanere metodico e sistematico nell'esplorare
ciascuno di questi elementi, garantendo che il tuo
business sia robusto, resiliente e orientato alla
crescita.

Strategie SEO Approfondite

Investire in una strategia di Search Engine Optimization (SEO) per assicurare che il tuo sito web e il suo contenuto siano ottimizzati per i motori di ricerca è fondamentale. Questo include la selezione di parole chiave pertinenti, l'ottimizzazione on-page, la creazione di backlink di qualità e l'elaborazione di contenuti di valore che possano attirare e mantenere l'attenzione del pubblico. Non trascurare l'importanza del SEO locale, specialmente se il tuo business si focalizza su specifici mercati geografici.

Strategie SEM e PPC

Mentre il SEO richiede tempo per generare risultati, la pubblicità pay-per-click (PPC) e altre strategie di marketing sui motori di ricerca (SEM) possono portare traffico mirato al tuo sito rapidamente. Impara come creare campagne pubblicitarie efficaci utilizzando piattaforme come Google Ads e Bing Ads, e come sfruttare la potenza della pubblicità su social media.

Ottimizzazione della Pagina di Prodotto

Lavorare intensamente sull'ottimizzazione delle pagine di prodotto, focalizzandoti su descrizioni dettagliate, immagini di alta qualità, e recensioni dei clienti. Inoltre, studiare i modelli di pagina di prodotto che convertono di più, analizzando l'UX e l'interazione degli utenti, assicurandoti che il percorso verso il checkout sia il più intuitivo e snello possibile.

Integrazione con i Social Media

Assicurati di avere una presenza solida e coerente sui social media, utilizzando piattaforme pertinenti al tuo pubblico per promuovere prodotti, coinvolgere i clienti e costruire una comunità. Esplora le opzioni di vendita su piattaforme di social media e l'integrazione di funzionalità di acquisto per facilitare agli utenti l'acquisto diretto tramite i post sui social media.

Pianificazione di Eventi e Lanci di Prodotto

Creare una roadmap per eventi promozionali, lanci di nuovi prodotti e vendite stagionali. La pianificazione preventiva e la creazione di campagne di marketing mirate attorno a questi eventi può massimizzare l'impatto e le vendite generate.

Gestione delle Relazioni con i Fornitori

Mantenere relazioni solide e costruttive con i fornitori è fondamentale nel dropshipping. Approfondisci come negoziare termini, garantire la qualità del prodotto e gestire eventuali problemi o ritardi nelle consegne in maniera proattiva per minimizzare l'impatto sul cliente finale.

Sicurezza del Sito Web

Garantire che il tuo sito web sia sicuro e protetto per evitare violazioni dei dati e altri problemi di sicurezza che potrebbero danneggiare la reputazione del tuo business e la fiducia del cliente. Investi in certificati SSL, monitora attivamente il sito per potenziali minacce e assicurati che le piattaforme di pagamento siano conformi agli standard PCI.

Personalizzazione dell'Esperienza Cliente

Sviluppare strategie per personalizzare l'esperienza del cliente sul tuo sito web, utilizzando dati e analitiche per creare percorsi utente personalizzati, raccomandazioni di prodotti e comunicazioni via email o attraverso altri canali.

Automazione del Marketing

Implementa strumenti di automazione del marketing per ottimizzare le tue campagne, segmentare il pubblico in modo efficace e inviare comunicazioni mirate al momento giusto. Esplora piattaforme come Mailchimp, HubSpot, o ActiveCampaign per vedere come possono integrarsi nel tuo ecosistema.

Legalità e Conformità Fiscale

Assicurarti che il tuo business sia in regola con tutte le normative legali e fiscali pertinenti, compresa la registrazione aziendale, il pagamento delle tasse e la conformità con le leggi sulla protezione del consumatore, a seconda della giurisdizione in cui operi e vendi.

Queste aree possono essere sviluppate ulteriormente, fornendo una guida dettagliata e approfondita per ciascun aspetto e strategia menzionata, garantendo che ogni area venga esplorata e compresa in profondità nel contesto del tuo business di dropshipping. Ricorda che ogni punto dovrebbe essere ulteriormente sviscerato per fornire un'analisi e una guida dettagliata e applicabile.

Trovare una Nicchia di Mercato
Ricerca e Selezione del Mercato di Destinazione
Identificare e scegliere una nicchia di mercato che sia sia redditizia sia sostenibile nel tempo è uno degli aspetti chiave per il successo nel dropshipping e nel commercio elettronico in generale. Ma cosa comporta effettivamente trovare e stabilirsi in una nicchia di mercato adeguata? Analizziamolo nel dettaglio.
Analisi del Mercato e dei Concorrenti
Svolgere un'analisi del mercato significa sondare l'ambiente in cui si desidera inserirsi, comprendere quali prodotti sono richiesti e che tipo di consumatori popolano quel segmento. È essenziale avere una panoramica chiara di chi sono i concorrenti principali, che cosa offrono, e quali gap potrebbero essere esplorati o sfruttati a

tuo vantaggio. Gli strumenti di analisi della concorrenza possono dare una panoramica delle parole chiave utilizzate dai competitor, dei loro prezzi, e delle strategie di marketing utilizzate.

Comprendere i Bisogni del Cliente

Sondare i bisogni, i desideri e le pain points dei potenziali clienti è fondamentale per capire come posizionarsi e che tipo di soluzioni offrire. Sondaggi, interviste e dati demografici possono fornire preziose informazioni che guideranno sia la selezione dei prodotti sia la strategia di marketing. Creare buyer personas dettagliate può aiutarti a comprendere e a prevedere i comportamenti d'acquisto, permettendoti di personalizzare la tua offerta e le tue campagne pubblicitarie.

Valutare la Scalabilità e la Sostenibilità

Un altro aspetto cruciale è valutare se la nicchia scelta è scalabile e sostenibile nel lungo termine. Questo implica guardare oltre le tendenze temporanee e focalizzarsi su mercati che hanno una domanda costante e che possono essere espansi o adattati nel tempo. Esplorare varie piattaforme di analisi delle tendenze, come Google Trends, può offrire una visuale sulla popolarità di determinati prodotti o nicchie nel tempo.

Selezione e Verifica dei Prodotti
La selezione dei prodotti da vendere è strettamente correlata alla nicchia scelta. È vitale verificare che i prodotti selezionati non solo soddisfino una domanda ma che siano anche di una qualità e di un prezzo che si allineino con le aspettative del tuo target di mercato. Considera anche la logistica: tempi di spedizione, costi e eventuali problemi doganali sono tutti aspetti che possono influenzare la scelta dei prodotti e dei fornitori.

Approfondire la Regolamentazione della Nicchia
Ogni settore e nicchia può avere specifiche regolamentazioni e conformità che devono essere rispettate. Che si tratti di norme relative alla sicurezza dei prodotti, alle etichette, o alla privacy dei clienti, avere una chiara comprensione delle regole applicabili è essenziale per evitare potenziali problematiche legali e mantenere la fiducia del cliente.

Creare un Proposito di Marca Autentico
La tua nicchia e i prodotti che scegli di vendere dovrebbero, idealmente, allinearsi con un proposizione di valore autentica e un proposito di marca chiaro. Gli acquirenti moderni sono sempre più interessati a supportare marchi che condividono i loro valori e che sono trasparenti nelle loro pratiche commerciali.

Strategie di Posizionamento e Differenziazione

Infine, è vitale considerare come posizionare il tuo brand e i tuoi prodotti in modo da differenziarti dalla concorrenza. Questo può comportare la scelta di sottolineare particolari caratteristiche dei prodotti, offrire un servizio clienti eccezionale, o creare una esperienza d'acquisto unica.

Ogni punto elencato qui può essere ulteriormente espanso e sviscerato, trasformando ciascun sottoargomento in un capitolo robusto e informativo, che può guidare il lettore attraverso ogni aspetto del processo decisionale e strategico dietro la scelta di una nicchia di mercato nel mondo del dropshipping.

Conclusione del Punto: Trovare una Nicchia di Mercato

Una volta effettuati gli approfondimenti e le ricerche relative alla nicchia di mercato, è essenziale tessere insieme tutte le informazioni acquisite e formulare una strategia chiara e robusta per penetrare nel mercato scelto. La conoscenza acquisita riguardo ai bisogni del cliente, alla concorrenza, alla sostenibilità della nicchia e alla regolamentazione del settore costituirà la base su cui costruire il tuo business di dropshipping.

Sintesi e Implementazione

Tutte le fasi di ricerca e analisi devono confluire in un piano d'azione coerente che possa essere implementato nella realtà. I dati raccolti durante la fase di ricerca dovrebbero informare ogni decisione, dall'assortimento dei prodotti, alla creazione del sito web, alla strategia di marketing.

Misurazione e Adattamento

Dopo la messa in atto del tuo piano, la fase di monitoraggio diventa cruciale. Utilizzando gli strumenti di analisi e misurazione, valuta le performance delle tue strategie rispetto agli obiettivi che ti sei prefissato. In questa fase, l'elasticità e la capacità di adattarsi ai feedback e ai dati raccolti diventano determinanti.

Risolvere Problemi e Ostacoli

Inevitabilmente, emergeranno sfide e problemi man mano che il tuo business si sviluppa. La tua abilità nel risolvere questi ostacoli, siano essi relativi alla gestione delle scorte, alle relazioni con i fornitori, o al servizio clienti, sarà fondamentale per la crescita e la sostenibilità del tuo business.

Creare Relazioni a Lungo Termine

La soddisfazione del cliente e la costruzione di relazioni a lungo termine dovrebbero essere al centro della tua strategia. La fedeltà del cliente non solo assicura vendite ripetute ma favorisce anche il passaparola positivo, che è inestimabile. Implementa programmi di fidelizzazione e assicurati di mantenere una comunicazione costante con la tua clientela.

Innovazione e Crescita

Guarda al futuro e sii sempre pronto ad innovare e ad adattare il tuo business alle mutevoli condizioni del mercato e alle tendenze emergenti. La crescita può arrivare sotto diverse forme, come l'espansione in nuovi mercati, l'aggiunta di nuovi prodotti, o l'adozione di nuove tecnologie e strategie di marketing.

Sostenibilità Economica e Etica

Non dimenticare l'importanza della sostenibilità, sia in termini economici che etici. Assicurati che il tuo business non solo sia redditizio ma anche gestito in modo etico e sostenibile, rispettando non solo le leggi e le regolamentazioni ma anche gli standard morali e sociali.

In conclusione, il successo nel dropshipping non è semplicemente una questione di selezione di prodotti ma è strettamente intrecciato con la profonda comprensione della nicchia di mercato scelta e l'applicazione pratica di tale conoscenza in ogni aspetto del business. Una strategia ben pianificata, che tenga conto di ogni sfaccettatura analizzata durante la fase di ricerca e selezione della nicchia, può posizionarti in modo vantaggioso nel mercato, fornendoti una solida base da cui espandere e far crescere il tuo business nel lungo termine.

4. Selezione dei Prodotti • Come scegliere prodotti vincenti e fornitori affidabili.

Selezione dei Prodotti: Scelta di Prodotti Vincenti e Fornitori Affidabili

Entrare nel dettaglio del processo di selezione dei prodotti e dei fornitori nel contesto del dropshipping è fondamentale per stabilire un'operatività che sia non solo redditizia, ma anche sostenibile nel tempo. Ecco una disamina articolata di questo punto:

A. Scelta dei Prodotti

1. **Analisi del Mercato:** Prima di selezionare i prodotti, effettua un'analisi approfondita per identificare i trend del momento e comprendere quali prodotti sono più richiesti dalla tua nicchia di mercato.

2. **Margine di Profitto:** Considera prodotti che offrano un margine di profitto adeguato, tenendo conto dei costi pubblicitari e operativi.

3. **Qualità:** La qualità dei prodotti è cruciale per mantenere alta la soddisfazione del cliente e minimizzare resi e reclami.

4. **Leggerezza e Dimensioni:** Prodotti piccoli e leggeri sono generalmente preferibili nel

dropshipping per minimizzare i costi di spedizione.

5. **Non-Seasonality:** Prodotti non stagionali, ovvero quelli che possono vendere bene tutto l'anno, potrebbero garantire una cash flow costante.

6. **Aspetto Legale:** Assicurati che i prodotti che scegli di vendere siano conformi alle leggi e regolamentazioni locali e internazionali.

B. Validazione dei Prodotti

1. **Testare il Mercato:** Prima di impegnarti a fondo, effettua dei test su piccola scala per validare l'interesse del mercato per i tuoi prodotti.

2. **Feedback dei Clienti:** Raccogli feedback e recensioni sui prodotti pilota per apportare le modifiche necessarie.

3. **Analisi dei Dati:** Usa gli analytics per monitorare le performance dei prodotti e identificare quali sono effettivamente vincenti.

C. Trovare Fornitori Affidabili

1. **Ricerca e Verifica:** Individua i fornitori tramite piattaforme B2B, fiere commerciali o direttamente, assicurandoti di verificare la loro affidabilità attraverso recensioni e referenze.

2. **Comunicazione:** Stabilisci una comunicazione chiara e continua con i fornitori, discutendo termini, condizioni e aspettative.

3. **Termine di Consegna:** Considera il tempo di consegna dei prodotti come un fattore chiave nella selezione dei fornitori.

4. **Ordini di Prova:** Effettua ordini di prova per verificare la qualità dei prodotti, l'imballaggio e i tempi di spedizione.

5. **Termini di Pagamento:** Negozia i termini di pagamento per garantire che siano favorevoli e sostenibili per il tuo business.

6. **Accordi Legali:** Assicurati di stabilire chiari accordi legali che delineino le responsabilità, le condizioni e i termini della partnership.

D. Gestione dell'Inventario Virtuale

1. **Sistema di Gestione:** Implementa un sistema di gestione dell'inventario che ti permetta di monitorare le scorte dei fornitori in tempo reale.

2. **Notifiche:** Imposta delle notifiche automatiche per essere avvisato in caso di bassi livelli di scorte o problemi con i prodotti.

3. **Aggiornamenti Costanti:** Mantieni aggiornato il tuo catalogo prodotti in base alla disponibilità, alle variazioni di prezzo e alle nuove aggiunte.

4. **Collaborazione:** Lavora strettamente con i fornitori per assicurarti che le informazioni sul prodotto siano sempre accurate e aggiornate.

E. Costruzione del Catalogo

1. **Presentazione dei Prodotti:** Assicurati che ogni prodotto nel tuo negozio online sia

presentato con descrizioni dettagliate, immagini
di alta qualità e prezzi chiari.

2. **SEO:** Ottimizza le pagine dei prodotti per i
motori di ricerca per attrarre traffico organico.

3. **User Experience:** Organizza il catalogo in
modo intuitivo e user-friendly, facilitando la
navigazione degli utenti.

4. **Politiche di Negozio:** Sii trasparente riguardo
alle politiche di spedizione, reso e pagamento.
Questi sottopunti e focalizzazioni dettagliate
possono fungere da guida strutturata per la
selezione di prodotti e fornitori nel contesto del
dropshipping, assicurando che ogni aspetto
venga considerato e sviluppato all'interno del tuo
libro. Ogni area può essere ulteriormente
approfondita, fornendo al lettore una
comprensione approfondita e pratica delle
dinamiche, delle sfide e delle strategie utili nel
processo di selezione dei prodotti e dei fornitori
nel business del dropshipping.

Ampliamento sulla Selezione dei Prodotti e Fornitori nel Dropshipping

F. Adattabilità e Flessibilità nel Catalogo
La selezione dei prodotti per un'attività di
dropshipping deve essere osservata come un
processo dinamico e in continua evoluzione.

1. **Analisi del Ciclo di Vita del Prodotto:**
Continua a monitorare i cicli di vita dei prodotti e

adatta l'offerta alle variazioni di domanda nel tempo.

2. **Adattamento ai Trend:** Essere pronti a modificare l'inventario virtuale basandosi sui trend emergenti e sulle mutate esigenze dei consumatori.

G. Relazioni con i Fornitori

Costruire e mantenere relazioni sane e produttive con i fornitori è un aspetto cruciale del business.

1. **Visite Personali:** Se possibile, visita le strutture di produzione per capire meglio la capacità, l'etica e la qualità dei fornitori.

2. **Frequenti Aggiornamenti:** Mantieni incontri regolari e aggiornamenti sulle performance reciproche e sulle aspettative future.

H. Gestione dei Dati dei Prodotti

La gestione efficace dei dati dei prodotti può elevare l'esperienza utente e ottimizzare le operazioni interne.

1. **Automazione dei Dati:** L'utilizzo di software e soluzioni automatizzate per gestire i dati del prodotto e sincronizzare l'inventario.

2. **Data Quality:** Assicurati che i dati dei prodotti siano accurati, coerenti e ottimizzati attraverso tutte le piattaforme.

I. Aspetti Legali e Conformità

Navigare attraverso le questioni legali e di conformità nella selezione dei prodotti è fondamentale per evitare controversie e garantire la sostenibilità.

1. **Conformità ai Standard:** Accertati che i prodotti e i fornitori siano conformi agli standard industriali, normative locali e internazionali.
2. **Protezione dei Dati:** Assicurati che la gestione dei dati dei clienti sia conforme alle leggi sulla privacy e protezione dei dati.

J. Strategie di Prezzo

Determinare una strategia di prezzo ottimale è essenziale per bilanciare profitto e competitività.

1. **Analisi della Concorrenza:** Continua a monitorare i prezzi della concorrenza e adatta la tua strategia di prezzo di conseguenza.
2. **Sconti e Offerte:** Sviluppa strategie per offerte e sconti stagionali o promozionali per incentivare gli acquisti e aumentare le vendite.

K. Diversificazione dei Fornitori

Non affidarti a un unico fornitore, poiché ciò potrebbe esporti a rischi in caso di problemi di produzione o spedizione.

1. **Mantenere Opzioni Aperte:** Esplora e mantieni aperte diverse opzioni di fornitura per diversificare i rischi.
2. **Performance dei Fornitori:** Valuta regolarmente le performance dei fornitori e sii pronto a fare aggiustamenti se necessario.

L. Politiche di Reso e Garanzie

Una politica di reso chiara e garanzie adeguate possono aumentare la fiducia del cliente e migliorare l'esperienza d'acquisto.

1. **Chiarezza:** Assicurati che le politiche di reso e le garanzie siano chiare, trasparenti e facilmente accessibili per i clienti.
2. **Facilità di Reso:** Implementa processi che rendano le restituzioni semplici e prive di stress per i clienti.

M. Supporto Clienti e Post-Vendita

L'assistenza clienti non termina con la vendita, ma continua con il supporto post-vendita efficace.

1. **Supporto Attivo:** Fornisci canali di assistenza clienti reattivi e supporto post-vendita.
2. **Feedback:** Raccogli feedback post-vendita per migliorare continuamente la qualità dei prodotti e dei servizi.

N. Gestione dei Rischi

Identificare e mitigare i rischi associati a fornitori e prodotti è vitale per un'operatività fluida.

1. **Piani di Mitigazione:** Sviluppa piani proattivi per affrontare eventuali problemi legati a fornitori o prodotti.
2. **Assicurazioni:** Considera opportunità di assicurazione per coprire potenziali rischi e perdite.

Questi ulteriori aspetti permettono una comprensione ancora più profonda dei vari elementi e sfumature presenti nel processo di selezione dei prodotti e nella gestione dei rapporti con i fornitori nel contesto del dropshipping. Ogni sottosezione può essere ulteriormente sviscerata, arricchendo ogni punto con esempi pratici, case studies e dati di mercato pertinenti, rendendo la trattazione ancora più dettagliata e approfondita.

O. Analisi Qualitativa dei Prodotti
Al di là dei dati numerici e delle specifiche, la qualità intrinseca dei prodotti è un pilastro fondamentale nel garantire la soddisfazione del cliente e, quindi, la reputazione del tuo business.

1. **Standard di Qualità:** Definisci chiaramente quali sono gli standard qualitativi che i prodotti devono mantenere per essere inseriti nel tuo catalogo.
2. **Controllo Qualità:** Metodi e strategie per assicurarsi che i prodotti spediti direttamente dai fornitori siano in linea con gli standard previsti.

P. Logistica e Tempi di Spedizione
Anche se non gestisci fisicamente l'inventario, la logistica è una componente essenziale del dropshipping.

1. **Ottimizzazione Logistica:** Lavorare con fornitori che hanno capacità logistiche adeguate e tempi di spedizione accettabili.

2. **Monitoraggio:** Implementare strumenti e processi per monitorare i tempi di consegna e gestire le possibili interruzioni o ritardi.

Q. Sostenibilità e Etica

Incorporare la sostenibilità e l'etica nella selezione dei prodotti è sempre più un fattore distintivo nel mercato.

1. **Prodotti Sostenibili:** Orientare la selezione anche verso prodotti eco-friendly o realizzati in modo etico.

2. **Certificazioni:** Dare priorità ai fornitori che possono offrire certificazioni di sostenibilità e produzione etica.

R. Personalizzazione e Esclusività

Offrire prodotti personalizzabili o esclusivi può aumentare il tuo margine di guadagno e differenziarti dalla concorrenza.

1. **Prodotti Unici:** Esplorare opportunità per offrire prodotti che sono unici o difficili da trovare altrove.

2. **Opzioni di Personalizzazione:** Valuta se fornitori offrono opzioni di personalizzazione che potresti offrire ai tuoi clienti.

S. Stagionalità dei Prodotti

La domanda per certi prodotti può variare stagionalmente, e prevederlo può offrire un vantaggio competitivo.

1. **Analisi Stagionale:** Comprendere quali prodotti sono più richiesti in differenti periodi dell'anno.
2. **Strategia di Inventario:** Adattare l'offerta prodotti alle diverse stagioni, garantendo varietà e rilevanza.

T. Recensioni e Testimonianze

Le recensioni possono fungere da utile guida tanto nella selezione iniziale quanto nel feedback post-vendita.

1. **Analisi delle Recensioni:** Esplorare recensioni e feedback sui prodotti e sui fornitori per anticipare eventuali problemi o aree di miglioramento.
2. **Testimonianze:** Utilizzare testimonianze positive come strumento di marketing e per incrementare la fiducia nei potenziali clienti.

U. Formazione e Conoscenza del Prodotto

Essere esperti sui prodotti che vendi è fondamentale per fornire un'assistenza clienti eccellente e creare contenuti di marketing efficaci.

1. **Formazione Continua:** Stabilire processi per assicurarti che tu e il tuo team siate sempre aggiornati sulle caratteristiche e i benefici dei prodotti.
2. **Materiali Formativi:** Chiedere o creare materiali formativi sui prodotti per il team di supporto clienti e di vendita.

V. Analisi dei Dati di Vendita

I dati storici sulle vendite e le performance dei prodotti dovrebbero guidare le decisioni future.

1. **Analisi delle Performance:** Utilizzare i dati di vendita per identificare quali prodotti sono performanti e quali no.
2. **Forecasting:** Sviluppare previsioni di vendita per guidare decisioni future sull'inventario e sulle promozioni.

W. Packaging e Presentazione

Nonostante il prodotto venga spedito direttamente dal fornitore, il packaging è un elemento della user experience.

1. **Packaging di Qualità:** Lavorare con fornitori che utilizzano un packaging sicuro e di qualità.
2. **Branding:** Esplorare possibilità di packaging personalizzato per rafforzare il brand.

X. Integrazione Tecnologica

La tecnologia dovrebbe semplificare la gestione e l'automazione del processo di dropshipping.

1. **Soluzioni Tecnologiche:** Scegliere piattaforme e strumenti che si integrino facilmente con i sistemi dei tuoi fornitori.
2. **Automazione:** Ricerca di soluzioni per automizzare ordinazioni, inventario e aggiornamenti sui prodotti.

Questi diversi punti dovrebbero essere sviluppati in maniera approfondita, ognuno arricchito di esempi, approfondimenti e dati concreti. La selezione dei prodotti nel dropshipping è un processo multiforme che incide direttamente su ogni aspetto dell'operatività e della percezione del cliente, rendendolo un elemento cruciale su cui riflettere e decidere strategicamente.

Y. Leggi e Regolamenti
Le leggi e i regolamenti relativi ai prodotti e alle vendite online possono variare notevolmente tra diversi paesi e regioni.

1. **Conformità Legale:** Assicurarsi che i prodotti venduti siano conformi alle normative locali, nazionali e internazionali.
2. **Documentazione:** Ottenere e conservare tutta la documentazione necessaria relativa alla conformità dei prodotti.

Z. Sicurezza dei Prodotti
La sicurezza deve essere una priorità, specialmente se si vendono prodotti destinati a bambini o prodotti che potrebbero presentare potenziali rischi.

1. **Standard di Sicurezza:** Conoscere e aderire agli standard di sicurezza applicabili per vari tipi di prodotti.
2. **Politiche di Richiamo:** Essere preparati e avere un piano d'azione nel caso in cui un prodotto venduto venga richiamato.

AA. Gestione delle Crisi

Eventuali problemi con i fornitori o i prodotti possono sorgere, e la gestione di tali crisi è fondamentale.

1. **Piani di Risposta:** Sviluppare piani proattivi per rispondere rapidamente e in modo efficace a eventuali problemi o critiche.
2. **Comunicazione:** Strategie di comunicazione efficaci per informare i clienti e gestire la reputazione dell'azienda durante le crisi.

BB. Diversificazione dei Fornitori

Affidarsi a un unico fornitore può essere rischioso, e la diversificazione può fornire una rete di sicurezza.

1. **Valutazione dei Fornitori:** Esaminare continuamente e valutare le performance e l'affidabilità dei fornitori.
2. **Sviluppo di Partnership:** Creare relazioni con più fornitori per garantire continuità in caso di problemi.

CC. Prodotti Complementari

Vendere prodotti che si complementano tra loro può aumentare il valore medio dell'ordine.

1. **Analisi di Complementarietà:** Identificare prodotti che sono naturalmente complementari e che possono essere venduti insieme.
2. **Bundle e Offerte:** Creare pacchetti e offerte speciali che incentivino l'acquisto di prodotti complementari.

DD. Scalabilità dell'Offerta

La capacità di scalare l'offerta di prodotti è vitale per la crescita del business.

1. **Analisi di Scalabilità:** Valutare i fornitori e i prodotti anche in termini di capacità di soddisfare un aumento della domanda.
2. **Gestione delle Scorte:** Comprendere come i fornitori gestiscono le scorte e cosa significa per la tua attività in periodi di picco.

EE. Responsabilità Sociale d'Impresa

Adottare pratiche commerciali etiche e sostenibili può essere un forte differenziatore e attirare clienti consapevoli.

1. **Impatto Sociale:** Considerare l'impatto sociale dei prodotti e dei processi di produzione dei fornitori.
2. **Trasparenza:** Comunicare apertamente agli clienti riguardo alle pratiche etiche e sostenibili adottate.

FF. Ritorno e Feedback del Cliente

Il feedback dei clienti può offrire insight preziosi per ottimizzare l'offerta di prodotti.

1. **Recensioni e Valutazioni:** Analizzare le recensioni dei clienti per comprendere punti di forza e debolezza dell'offerta attuale.
2. **Miglioramento Continuo:** Utilizzare il feedback per affinare la selezione dei prodotti e migliorare continuamente l'offerta.

GG. Copertura dei Media e Marketing

Come i prodotti sono percepiti e presentati nei media e nelle strategie di marketing influisce notevolmente sull'immagine del brand.

1. **Uso dei Media:** Sfruttare la copertura mediatica dei prodotti per rafforzare la percezione del brand.
2. **Collaborazioni:** Esplorare partnership e collaborazioni che possano valorizzare ulteriormente i prodotti offerti.

HH. Introduzione di Nuovi Prodotti

L'aggiunta costante di nuovi prodotti può mantenere l'offerta fresca e interessante per i clienti.

1. **Analisi di Lancio:** Valutare il successo dei lanci di nuovi prodotti e comprendere cosa funziona e cosa no.
2. **Strategie di Lancio:** Sviluppare strategie efficaci per introdurre nuovi prodotti al mercato in modo impactante.

II. E-commerce e Piattaforme di Vendita

La scelta della piattaforma di e-commerce giusta è cruciale per gestire efficacemente un'attività di dropshipping.

1. **Confronto tra Piattaforme:** Analizzare le varie piattaforme di e-commerce disponibili e selezionare quella più adatta.
2. **Ottimizzazione per la Conversione:** Assicurarsi che la piattaforma scelta sia ottimizzata per convertire visitatori in clienti.

JJ. Relazione con i Fornitori

Una solida relazione con i fornitori è fondamentale per garantire operatività fluida e gestione efficace delle eventualità.

1. **Comunicazione Efficace:** Stabilire canali di comunicazione chiari e regolari con i fornitori.

2. **Negoziazione e Contrattazione:** Sviluppare abilità di negoziazione per assicurarsi accordi vantaggiosi e sostenibili.

Ciascuno di questi punti fornisce spunti che possono essere sviluppati ulteriormente, inserendo analisi di casi studio, interviste a esperti del settore, e dati concreti che possano arricchire la discussione e offrire ai lettori una guida pratica e approfondita su come gestire al meglio la selezione dei prodotti e la relazione con i fornitori nel contesto di un'attività di dropshipping.

KK. Analisi Competitiva dei Prodotti

L'analisi delle offerte dei concorrenti permette di posizionare strategicamente i propri prodotti sul mercato.

1. **Benchmarking:** Analisi dettagliata dei prodotti, prezzi e caratteristiche offerte dai concorrenti per stabilire standard e identificare opportunità.

2. **Unique Selling Proposition (USP):** Definire chiaramente ciò che rende i tuoi prodotti unici e diversi rispetto a quelli della concorrenza.

LL. Customer Journey e Esperienza di Acquisto
Offrire un'esperienza d'acquisto ottimale è essenziale per assicurare la soddisfazione e la fidelizzazione del cliente.

1. **Percorso d'Acquisto:** Analizzare e ottimizzare tutti i punti di contatto con il cliente lungo il suo percorso d'acquisto.

2. **Supporto Clienti:** Fornire supporto tempestivo e risoluzioni efficaci a eventuali problemi o dubbi dei clienti.

MM. Statistiche e Data Analytics
Le decisioni relative ai prodotti devono essere basate su dati concreti e analisi dettagliate.

1. **Analisi delle Vendite:** Esaminare i dati di vendita per individuare tendenze, stagionalità e pattern.

2. **Ottimizzazione delle Scorte:** Utilizzare i dati per prevedere la domanda e ottimizzare le scorte dei fornitori.

NN. Logistica e Gestione delle Spedizioni
La logistica è un elemento critico nel dropshipping, che deve essere gestito con precisione.

1. **Tracciabilità:** Garantire e comunicare chiaramente i tempi di consegna e offrire la possibilità di tracciare l'ordine.

2. **Gestione dei Resi:** Stabilire procedure chiare e semplici per la gestione dei resi e dei rimborsi.
OO. Branding e Posizionamento del Prodotto
Il posizionamento di un prodotto sul mercato e il branding associato giocano un ruolo chiave nel suo successo.

1. **Immagine del Prodotto:** Creare e mantenere un'immagine del prodotto coerente e in linea con l'identità del brand.

2. **Strategie di Posizionamento:** Sviluppare strategie mirate per posizionare il prodotto nella mente del consumatore.
PP. Sviluppo del Prodotto e Innovazione
L'innovazione continua è essenziale per mantenere l'offerta rilevante e competitiva.

1. **Trend di Mercato:** Rimanere aggiornati sui trend di mercato per anticipare le esigenze dei consumatori.

2. **Evoluzione del Prodotto:** Investire in R&D per migliorare i prodotti esistenti e svilupparne di nuovi.
QQ. Fidelizzazione del Cliente
Instaurare relazioni solide con i clienti per incentivare acquisti ripetuti e il passaparola positivo.

1. **Programmi di Loyalty:** Implementare programmi di fidelizzazione che ricompensano i clienti per acquisti ripetuti.

2. **Personalizzazione:** Offrire esperienze personalizzate basate sulle preferenze e sul comportamento d'acquisto dei clienti.

RR. Responsabilità e Garanzie

Offrire garanzie chiare e assumersi la responsabilità in caso di problemi aumenta la fiducia del cliente.

1. **Politiche di Garanzia:** Definire e comunicare chiaramente le politiche di garanzia dei prodotti.
2. **Gestione dei Reclami:** Implementare procedure efficaci per la gestione dei reclami e dei problemi dei clienti.

SS. Comunicazione e Messaggistica del Prodotto

Una comunicazione chiara e persuasiva può elevare la percezione del prodotto e influenzare il comportamento d'acquisto.

1. **Copywriting:** Creare messaggi accattivanti e focalizzati sui benefici dei prodotti.
2. **Fotografia del Prodotto:** Utilizzare immagini di alta qualità che rappresentino efficacemente i prodotti.

TT. Offerte e Promozioni

Le offerte promozionali possono stimolare le vendite e attrarre nuovi clienti.

1. **Sconti e Offerte:** Stabilire strategie di pricing promozionale per incentivare l'acquisto.
2. **Vendite Stagionali:** Pianificare promozioni e vendite in concomitanza con eventi o festività.

UU. Relazioni con gli Stakeholder

Mantenere buone relazioni con tutte le parti interessate è fondamentale per la stabilità e la crescita dell'impresa.

1. **Partner Commerciali:** Collaborare e comunicare efficacemente con fornitori, logistica e altri partner.
2. **Comunità Locale:** Interagire e supportare la comunità locale e gli enti governativi.

Questi punti sono degli spunti iniziali che possono essere approfonditi con dati statistici, esempi pratici, case study e interviste con esperti del settore. Rimanere focalizzati sul mantenere un equilibrio tra fornire informazioni tecniche e consigli pratici per mantenere il libro accessibile sia ai neofiti che agli imprenditori esperti nel settore del dropshipping.

4. Selezione dei Prodotti e Fornitori

Concludendo il punto relativo alla selezione dei prodotti e dei fornitori nel contesto del dropshipping, ci immergiamo in un aspetto fondamentale dell'intero business. La scelta dei prodotti non solo definisce l'identità del tuo negozio online, ma stabilisce anche la traiettoria delle tue operazioni, marketing e strategie di engagement con il cliente.

Focus sul Valore Percettivo

Quando selezioni i prodotti, è cruciale mantenere una lente di ingrandimento sul valore percettivo che essi portano ai tuoi clienti. I prodotti devono rispondere a un bisogno o a un desiderio del cliente e devono essere presentati in modo tale da evidenziare i loro vantaggi e le loro caratteristiche uniche. Questo valore percettivo può essere accresciuto con la coerenza delle immagini del prodotto, descrizioni persuasive e una presentazione accurata sul sito web.

Fornitori: Un Punto Critico

In termini di fornitori, la selezione di partner affidabili è un pilastro portante del tuo business di dropshipping. Una collaborazione con fornitori non affidabili o incoerenti può tradursi in tempi di spedizione lunghi, prodotti di bassa qualità o stock non correttamente aggiornati, situazioni che inevitabilmente colpiranno negativamente l'esperienza del cliente finale. È, quindi, fondamentale valutare attentamente ogni fornitore, esaminando la loro storia, affidabilità, qualità dei prodotti e coerenza della supply chain. Utilizzare piattaforme di valutazione dei fornitori o forum del settore può fornire insight utili riguardanti le esperienze di altri venditori.

Diversificazione Vs. Specializzazione

Inoltre, la questione della diversificazione vs. specializzazione dei prodotti è un altro punto cardine. Mentre la diversificazione può aiutare a raggiungere un pubblico più ampio, la specializzazione permette di costruire un marchio più forte e di diventare un'autorità in un particolare nicchia di mercato. Pertanto, questa scelta deve essere influenzata da una combinazione di analisi di mercato, comprensione del pubblico target e valutazione delle competenze e delle risorse interne.

Aspetti Legali e Conformità

Un ulteriore punto vitale è la considerazione degli aspetti legali e di conformità legati ai prodotti che intendi vendere. Assicurarti che i prodotti rispettino le normative locali e internazionali non solo è essenziale per evitare potenziali implicazioni legali, ma anche per costruire un marchio affidabile e rispettabile.

Analisi e Adattamento Continuo

Infine, l'analisi e l'adattamento continuo sono la chiave per mantenere una selezione di prodotti pertinente e attrattiva. Esaminare costantemente i dati delle vendite, i feedback dei clienti e le tendenze del mercato ti permetterà di adattare la tua offerta, eliminando i prodotti sottoperformanti e introducendo nuovi articoli che rispondono meglio alle attuali domande dei consumatori.

In conclusione, la selezione dei prodotti e dei fornitori non è un'attività da svolgere in modo superficiale o precipitoso. È un processo che richiede una profonda riflessione strategica, una ricerca accurata e un'analisi costante, con l'obiettivo di offrire valore ai tuoi clienti e costruire un marchio solido e di successo nel competitivo mondo del dropshipping.

5. Creazione di un Negozio Online • Piattaforme disponibili e configurazione del negozio.

5. Creazione di un Negozio Online: Piattaforme e Configurazione

Creare un negozio online per il tuo business di dropshipping è un processo che richiede considerazioni strategiche, tecniche e di design. La tua piattaforma di e-commerce fungerà da principale punto di contatto tra i tuoi clienti e i tuoi prodotti, rendendone essenziale la facilità d'uso, l'estetica e la funzionalità.

A. Selezione della Piattaforma di E-commerce L'ecosistema delle piattaforme di e-commerce è vasto e vario, con soluzioni che vanno dalle più user-friendly e plug-and-play, come Shopify e BigCommerce, a soluzioni più complesse e personalizzabili come Magento o WooCommerce. La selezione della piattaforma giusta dovrebbe essere guidata dalle tue competenze tecniche, budget, esigenze di personalizzazione e requisiti specifici del tuo business.

- **Shopify**: Famosa per la sua facilità d'uso e accessibilità, offre un vasto ecosistema di app e

temi per potenziare e personalizzare il tuo
negozio.

- **WooCommerce**: Una soluzione open-source
  che si integra con WordPress, offrendo una
  grande personalizzazione a costi contenuti, ideale
  per chi ha già familiarità con WordPress.
- **Magento**: Conosciuta per la sua scalabilità e
  robustezza, si adatta bene a chi ha esigenze
  avanzate e può gestire una curva di
  apprendimento più ripida e costi operativi più
  elevati.
- **BigCommerce**: Offre una suite completa di
  strumenti e funzionalità per i negozi online di
  tutte le dimensioni, con un focus sulla crescita e
  sull'espansione del business.

B. Design e User Experience (UX)

Il design del tuo negozio online deve essere
visivamente accattivante, intuitivo e user-
friendly. L'User Experience (UX) gioca un ruolo
cruciale nella conversione dei visitatori in clienti
e nella costruzione di una reputazione positiva.

- **Navigabilità**: Struttura il tuo negozio in modo
  che sia facile navigare, con categorie chiare e un
  motore di ricerca interno efficiente.
- **Estetica**: Scegli un design pulito, moderno e in
  linea con l'identità del tuo brand, garantendo
  coerenza in tutte le pagine.
- **Mobile Responsiveness**: Assicurati che il tuo
  negozio sia ottimizzato per i dispositivi mobili,

visto l'ampio uso degli smartphone per gli acquisti online.

C. Implementazione dei Sistemi di Pagamento

La scelta e l'integrazione di sistemi di pagamento affidabili e sicuri è essenziale per facilitare transazioni fluenti e per costruire fiducia con i tuoi clienti.

- **Opzioni di Pagamento**: Offri varie opzioni di pagamento come carte di credito, PayPal, e altre soluzioni locali o internazionali.

- **Sicurezza**: Implementa certificati SSL per proteggere i dati dei tuoi clienti e guadagnare la loro fiducia.

D. SEO e Ottimizzazione

L'ottimizzazione per i motori di ricerca (SEO) è fondamentale per aumentare la visibilità del tuo negozio nei risultati dei motori di ricerca, attirando traffico organico e migliorando la posizione del tuo sito.

- **Keyword**: Ricerca e integra keyword pertinenti nelle descrizioni dei prodotti, nelle meta description e nei titoli.

- **Velocità del Sito**: Ottimizza la velocità di caricamento delle pagine e le immagini per migliorare la user experience e i ranking nei motori di ricerca.

E. Analitica e Monitoraggio

L'integrazione di strumenti analitici come Google Analytics ti permette di monitorare le prestazioni del tuo negozio, comprendere il comportamento dei visitatori e ottimizzare di conseguenza.

- **Monitoraggio**: Tieni traccia delle metriche chiave come tasso di conversione, valore medio dell'ordine e tasso di abbandono del carrello.
- **Ottimizzazione**: Usa i dati per identificare aree di miglioramento e implementare aggiustamenti strategici.

In sintesi, la creazione del tuo negozio online è una fase critica che richiede una pianificazione meticolosa e un'attuazione strategica in ogni aspetto, dalla piattaforma e design, ai sistemi di pagamento, SEO, e oltre, per offrire un'esperienza clienti impeccabile e guidare il successo del tuo business di dropshipping.

Creazione di un Negozio Online: Approfondimento

F. Scelta e Gestione dell'Inventario

La gestione dell'inventario in un business di dropshipping è peculiare, dato che non si tiene fisicamente il stock dei prodotti. Tuttavia, è imperativo monitorare costantemente la disponibilità dei prodotti presso i fornitori per evitare di vendere articoli esauriti.

- **Sincronizzazione dell'Inventario**: Utilizzare strumenti e software che permettano una sincronizzazione in tempo reale dell'inventario tra il tuo negozio e il fornitore per evitare discrepanze.
- **Gestione Backorder**: Stabilire e comunicare chiaramente le politiche per gli articoli esauriti o in backorder, offrendo alternative o tempi di attesa realistici ai clienti.

G. Logistica e Gestione delle Spedizioni

Anche se la logistica è in gran parte gestita dai fornitori nel modello di dropshipping, è fondamentale coordinare e comunicare efficacemente per garantire spedizioni tempestive e risolvere eventuali problemi.

- **Tracciamento Ordini**: Fornire ai clienti la possibilità di tracciare i loro ordini e comunicare chiaramente i tempi di consegna previsti.
- **Politiche di Spedizione**: Definire e comunicare chiaramente le politiche di spedizione, inclusi costi, durata e eventuali promozioni su spedizioni gratuite.

H. Servizio Clienti e Supporto

Il servizio clienti è cruciale per qualsiasi business, ma particolarmente nel dropshipping dove le questioni logistiche sono spesso fuori dal controllo diretto del venditore.

- **Canali di Supporto**: Offrire diversi canali di supporto, inclusi chat online, e-mail e supporto telefonico, per assistere i clienti in ogni fase del percorso di acquisto.

- **FAQ e Informazioni**: Creare una sezione FAQ dettagliata e fornire informazioni chiare su pagamenti, spedizioni e resi per minimizzare le richieste di assistenza.

I. Resi e Gestione dei Reclami

Le restituzioni e i reclami sono inevitabili in qualsiasi attività di e-commerce e la loro gestione può significativamente impattare la soddisfazione del cliente e la reputazione del negozio.

- **Politiche di Reso**: Essere chiari sulle politiche di reso, inclusi termini, condizioni e processi per effettuare restituzioni.

- **Gestione Reclami**: Implementare un processo efficace per gestire i reclami in modo tempestivo e professionale, volto a mantenere la soddisfazione del cliente.

J. Marketing e Acquisizione Clienti

Con un negozio online pronto e operativo, l'attenzione si sposta verso l'attrazione di visitatori e la conversione di questi in clienti paganti.

- **Strategie di Marketing**: Implementare strategie di marketing digitale, inclusi SEO, marketing sui social media, e marketing via e-mail, per attrarre, coinvolgere e convertire i visitatori.

- **Offerte e Promozioni**: Creare offerte e promozioni allettanti per incentivare gli acquisti e aumentare il valore medio dell'ordine.
K. Mantenimento e Aggiornamento del Sito
Un negozio online necessita di manutenzione regolare e aggiornamenti per garantire performance ottimali e proteggere contro eventuali minacce di sicurezza.

- **Aggiornamenti Tecnologici**: Garantire che il sito web sia sempre aggiornato con le ultime versioni dei software e con gli ultimi standard di sicurezza.

- **Analisi delle Prestazioni**: Monitorare continuamente le performance del sito, identificando e correggendo eventuali problemi o aree di miglioramento.

Creare un negozio online ben funzionante è una sfida poliedrica, dove ogni elemento, dalla piattaforma alla logistica e al supporto clienti, deve essere attentamente considerato e orchestrato. La consapevolezza delle molteplici sfaccettature e la capacità di navigare attraverso di esse, modulando strategie adeguate, può significativamente impattare il successo del tuo business di dropshipping nel lungo termine.

Creazione di un Negozio Online: Ulteriore Esplorazione

L. Ottimizzazione per la Conversione

Gli elementi di design e UX/UI del tuo negozio online devono essere studiati per facilitare il percorso del cliente dalla scoperta del prodotto fino alla fase di checkout.

- **Usabilità del Sito**: Avere un design pulito e una struttura del sito che faciliti la navigazione, con categorizzazioni logiche dei prodotti e un motore di ricerca interno efficace.

- **CTA Efficaci**: I CTA (Call To Action) devono essere visibili e convincenti, guidando i visitatori verso le azioni che desideri che compiano, come "Aggiungi al Carrello" o "Compra Ora".

M. SEO Avanzata

La SEO non si ferma alle parole chiave e alla creazione di contenuti; esistono numerosi altri aspetti che richiedono attenzione per migliorare la visibilità online del tuo negozio.

- **Ottimizzazione delle Immagini**: Assicurati che le immagini dei prodotti siano di alta qualità e ottimizzate sia in termini di dimensioni che di SEO (con alt text e descrizioni pertinenti).

- **Struttura dei Link**: I permalink e la struttura URL del sito dovrebbero essere chiari e SEO-friendly, facilitando la comprensione dei contenuti della pagina da parte dei motori di ricerca e degli utenti.

N. Gestione delle Recensioni

Le recensioni sono vitali nel mondo dell'e-commerce, poiché influenzano notevolmente le decisioni d'acquisto dei potenziali clienti.

- **Incoraggia le Recensioni**: Implementa meccanismi che incentivino i clienti a lasciare recensioni sui prodotti acquistati, come sconti sul prossimo acquisto o programmi di fedeltà.
- **Gestione della Reputazione**: Rispondi tempestivamente alle recensioni, sia positive che negative, mostrando attenzione al feedback dei clienti e cercando di risolvere eventuali problemi evidenziati.

O. Sicurezza del Negozio Online

Garantire un ambiente di shopping online sicuro non è solo cruciale per proteggere le informazioni dei clienti, ma anche per costruire fiducia.

- **Certificati SSL**: Assicurati che il tuo negozio online sia protetto da un certificato SSL, criptando i dati sensibili e garantendo una navigazione sicura agli utenti.
- **Compliance PCI**: Adotta misure per garantire la conformità agli standard PCI, proteggendo e gestendo correttamente le informazioni delle carte di credito degli utenti.

P. Analitica e Monitoraggio del Comportamento Utente

Comprendere il comportamento degli utenti sul tuo negozio online può offrire intuizioni preziose per ottimizzare ulteriormente l'esperienza cliente.

- **Strumenti Analitici**: Implementa strumenti come Google Analytics per tracciare le metriche chiave, quali fonti di traffico, tassi di conversione e comportamento dei visitatori.
- **Heatmaps**: Utilizza mappe di calore per comprendere dove gli utenti passano più tempo sul tuo sito, cosa cliccano e quali sezioni attirano la loro attenzione.

Q. Scalabilità del Negozio

Pensare in termini di crescita futura e assicurarsi che il tuo negozio possa adattarsi a volume di traffico e vendite in aumento è vitale.

- **Hosting Affidabile**: Scegli un servizio di hosting che possa gestire picchi di traffico e crescita dell'inventario senza compromettere le prestazioni del sito.
- **Ottimizzazione delle Performance**: Monitora costantemente e lavora per migliorare la velocità di caricamento delle pagine e l'efficienza generale del sito web.

R. Automatizzazione del Processo di Vendita

Massimizzare l'efficienza attraverso l'automatizzazione può ridurre il carico di lavoro manuale e migliorare la coerenza delle operazioni.

- **Email Marketing Automatizzato**: Implementa sequenze email automatizzate per carrelli abbandonati, conferme d'ordine, e follow-up post-acquisto.

- **Gestione Automatizzata degli Ordini**: Esplora possibilità per automatizzare la gestione degli ordini, facilitando la comunicazione tra negozio e fornitori e minimizzando i tempi di gestione.

Tutti questi aspetti, se trattati con la dovuta attenzione e integrazione strategica, potranno sostenere la costruzione di un negozio online performante e cliente-centrico, essenziale per guadagnare nel mondo del dropshipping.

S. Pianificazione Strategica dell'Assortimento Prodotti

Quando si costruisce un negozio online, la gamma di prodotti offerti deve essere studiata accuratamente per garantire coerenza e attrattività.

- **Rotazione dell'Inventario**: Anche in un modello dropshipping, la rotazione dei prodotti, ossia l'introduzione di nuovi articoli e la rimozione di quelli meno performanti, mantiene vivo l'interesse degli acquirenti e offre nuovi spunti per campagne di marketing.
- **Esclusività**: Esplora la possibilità di offrire prodotti esclusivi o edizioni limitate, collaborando con i fornitori per creare offerte

uniche che distinguano il tuo negozio dalla concorrenza.

T. Servizio Clienti Eccellente

Un servizio clienti eccezionale non solo risolve i problemi, ma può anche trasformare un'esperienza negativa in una positiva, contribuendo a costruire la lealtà del cliente.

- **Supporto Multi-Canales**: Offri canali di assistenza diversificati, come chat online, e-mail e telefono, per rendere semplice per i clienti raggiungerti nel modo che preferiscono.
- **FAQ e Knowledge Base**: Sviluppa una sezione dettagliata delle domande frequenti e una knowledge base per aiutare i clienti a trovare risposte autonome alle loro domande e ridurre il carico di lavoro del tuo servizio clienti.

U. Marketing Mirato e Pubblicità

Investire strategicamente in marketing e pubblicità può incrementare la visibilità del tuo negozio e attrarre un flusso costante di clienti.

- **Pubblicità Pay-Per-Click**: Campagne PPC su Google Ads e social media possono direzionare traffico targetizzato al tuo negozio, ottimizzando il budget pubblicitario per raggiungere clienti potenzialmente interessati ai tuoi prodotti.
- **Influencer Marketing**: Collaborare con influencer nel tuo settore può amplificare la portata dei tuoi prodotti a un pubblico più ampio

e generare traffico e vendite tramite autorevoli raccomandazioni.

V. Gestione delle Restituzioni e dei Reclami

Un efficace sistema di gestione delle restituzioni e dei reclami può migliorare la soddisfazione del cliente e costruire una reputazione positiva per il tuo negozio online.

- **Politica di Restituzione Chiara**: Avere una politica di restituzione chiara e trasparente, che evidenzi chiaramente i tempi, le condizioni e le modalità con cui i clienti possono restituire gli articoli.

- **Gestione Proattiva dei Reclami**: Implementa un sistema che ti permetta di rispondere rapidamente ed efficacemente ai reclami, risolvendoli in modo che favorisca, dove possibile, la conservazione del cliente.

W. Legislazione e Conformità

Conoscere e aderire alla legislazione locale e internazionale in materia di e-commerce è fondamentale per evitare complicazioni legali e garantire un'esperienza di acquisto senza intoppi.

- **Protezione dei Dati**: Assicurati che il tuo negozio online sia conforme alle normative sulla privacy e sulla protezione dei dati, come il GDPR per i clienti europei o il CCPA per i consumatori californiani.

- **Diritti dei Consumatori**: Familiarizza e conforma il tuo negozio alle normative sui diritti dei consumatori nel e-commerce, che possono includere politiche specifiche su rese, rimborsi e cancellazioni.

X. Misurazione del Successo e Ajustment

Anche il negozio online più ben pianificato necessiterà di regolari revisioni e ajustement basati su dati ed esperienze concrete.

- **KPI Chiave**: Stabilisci e monitora KPI (Key Performance Indicators) come il tasso di conversione, l'ACV (Average Cart Value) e il CAC (Customer Acquisition Cost) per valutare il successo delle tue strategie operative e di marketing.

- **Feedback Clienti**: Raccogli e analizza attivamente il feedback dei clienti, sia attraverso recensioni dirette che tramite sondaggi, per comprendere cosa funziona e cosa potrebbe necessitare di miglioramento nel tuo negozio online.

Ricorda, l'esecuzione strategica di ciascuno di questi aspetti richiede un'analisi accurata e un continuo aggiustamento per rispondere efficacemente alle dinamiche mutevoli del mercato e del comportamento dei clienti nell'e-commerce.

Creazione di un Negozio Online: Meticoloso Sviluppo e Considerazioni Operative

5.1 Scelta Della Piattaforma E-commerce Il primo passo nel mettere su un negozio online richiede la scelta di una piattaforma e-commerce che non solo sia intuitiva e user-friendly ma anche che sia scalabile in base alle esigenze future del business. Shopify, WooCommerce, Magento, e BigCommerce sono tra le piattaforme più popolari, ciascuna con i propri vantaggi e peculiarità che necessitano di essere esplorati a fondo per selezionare l'opzione più coerente con gli obiettivi del negozio.

5.2 Design e User Experience (UX) Il design del negozio online deve non solo rispecchiare l'identità del brand ma anche facilitare un percorso d'acquisto intuitivo e piacevole per il cliente. L'esperienza utente (UX) è cruciale: un design accattivante, un'interfaccia facile da navigare, e tempi di caricamento delle pagine ottimali sono aspetti da non sottovalutare.

5.3 Ottimizzazione Mobile In un'era dominata da smartphone e dispositivi mobili, avere un negozio online ottimizzato per mobile è imprescindibile. Non solo il design deve essere responsivo, ma anche i processi di acquisto devono essere semplici e snelli anche su schermo ridotto.

5.4 Sistema di Pagamento Offrire metodi di pagamento diversificati e sicuri è essenziale per accontentare un'ampia clientela e per fornire un'esperienza d'acquisto fluida. Integrare soluzioni di pagamento come PayPal, carte di credito, e soluzioni di pagamento locali assicura che ogni cliente possa effettuare transazioni in modo semplice e protetto.

5.5 Sicurezza del Negozio Online A seguito del GDPR e di altre normative sulla privacy, la sicurezza dei dati dei clienti è divenuta una priorità imperativa. Implementare un protocollo SSL per crittografare le informazioni, garantendo un ambiente d'acquisto sicuro e proteggendo la privacy e i dati finanziari dei clienti.

5.6 Logistica e Gestione delle Spedizioni Anche se il modello di dropshipping elimina la necessità di gestire un magazzino, rimane fondamentale garantire una logistica impeccabile e trasparente, collaborando con fornitori affidabili e stabilendo politiche di spedizione chiare e oneste con i clienti.

5.7 SEO e Visibilità Online L'ottimizzazione per i motori di ricerca (SEO) non si limita ai contenuti del sito ma permea ogni aspetto del negozio online, inclusi titoli dei prodotti, descrizioni, immagini, e meta tag. Creare una strategia SEO robusta è fondamentale per garantire visibilità e trazione in un mercato digitale competitivo.

5.8 Analitica e Monitoraggio Installare strumenti analitici come Google Analytics per monitorare e analizzare il comportamento dei visitatori sul sito. Comprendere da dove provengono, quali pagine visitano e dove abbandonano il carrello può fornire intuizioni preziose per ottimizzare il negozio e migliorare le conversioni.

5.9 Supporto Clienti e CRM Implementare strumenti di Customer Relationship Management (CRM) per gestire le interazioni con i clienti e potenziali tali. Offrire diversi canali di supporto, tra cui chat dal vivo, e-mail e assistenza telefonica, fornisce ai clienti la rassicurazione che il supporto è sempre a disposizione.

5.10 Marketing e Fidelizzazione del Cliente Una volta che il negozio è operativo, strategie di marketing come e-mail marketing, programmi di fedeltà e strategie di retargeting possono aiutare non solo a acquisire nuovi clienti ma anche a mantenere e fidelizzare quelli esistenti.

La creazione di un negozio online ricco e funzionale è un processo complesso e multifase, che va ben oltre la semplice vendita di prodotti. Ogni aspetto deve essere curato con attenzione, dalla prima impressione del cliente alla conclusione della transazione, assicurando che ogni passo nel percorso d'acquisto sia ottimizzato e orientato al cliente.

5.11 Creazione di Contenuti di Qualità

Dedicarsi alla creazione di contenuti accattivanti e di qualità per il tuo e-commerce è vitale. Ciò include l'elaborazione di descrizioni dei prodotti dettagliate e coinvolgenti, l'inserimento di immagini ad alta risoluzione, e possibilmente l'aggiunta di video tutorial o demo dei prodotti. La creazione di un blog integrato nella tua piattaforma e-commerce può anche fungere da strumento per attirare visitatori attraverso contenuti utili e informativi relativi alla tua nicchia di mercato.

5.12 Pianificazione delle Politiche di Reso

La chiarezza nelle politiche di reso e rimborso è fondamentale per costruire una relazione di fiducia con il cliente. È essenziale avere politiche di reso ben strutturate e chiaramente comunicate, garantendo che il processo sia il più semplice e trasparente possibile per il consumatore.

5.13 Implementazione del Feedback dei Clienti

Offrire uno spazio per recensioni e feedback dei clienti per ogni prodotto può non solo aumentare la fiducia nei potenziali acquirenti ma anche fornirti spunti preziosi su come migliorare sia i tuoi prodotti che il servizio clienti.

5.14 Ottimizzazione Continua Il mondo dell'e-commerce è in continuo cambiamento e, come tale, è fondamentale mantenere il negozio online aggiornato e in linea con le ultime tendenze e tecnologie. Ciò può includere l'aggiornamento della UX/UI, l'introduzione di nuove funzionalità, o l'adattamento alle nuove normative legali e fiscali.

5.15 Integrazione con i Social Media L'integrazione tra il tuo negozio online e i canali social è imprescindibile in un'epoca dominata dai media digitali. Non solo permette di dirigere il traffico dal tuo profilo social al tuo sito web, ma grazie a soluzioni come i social shop, puoi anche permettere agli utenti di acquistare direttamente dalla piattaforma social.

5.16 Chatbot e Intelligenza Artificiale Integrare chatbot e soluzioni di intelligenza artificiale può elevare l'esperienza cliente, fornendo risposte immediate alle domande frequenti e facilitando il processo di acquisto. Inoltre, gli algoritmi IA possono anche essere utilizzati per personalizzare l'esperienza d'acquisto, suggerendo prodotti correlati o creando offerte personalizzate.

5.17 Implementazione di Programmi di Affiliazione Avviare un programma di affiliazione può anche essere un modo efficace per aumentare la visibilità del tuo negozio online e attrarre nuovi clienti attraverso affiliati che guadagnano una commissione per ogni vendita generata tramite i loro link.

5.18 Gestione delle Crisi È cruciale avere un piano d'azione ben delineato per gestire eventuali crisi, come ad esempio problemi legati alla sicurezza dei dati, recensioni negative diffuse, o problemi con la supply chain. Saper reagire prontamente e con trasparenza in tali situazioni può mitigare l'impatto negativo sulla reputazione del tuo brand.

5.19 Legalità e Conformità Assicurati che il tuo negozio online sia in conformità con le leggi locali e internazionali in materia di e-commerce. Ciò può includere l'osservanza delle normative fiscali, la conformità GDPR per la protezione dei dati, e la chiarezza nelle politiche di vendita e marketing.

5.20 Collaborazioni e Partnership Stabilire partnership con altri brand o influencer può espandere la tua rete e raggiungere nuove audience. Le collaborazioni possono includere una serie di attività promozionali congiunte, come giveaway, contenuti co-creati, o prodotti in edizione limitata sviluppati insieme.

Ogni punto elencato rappresenta una tappa fondamentale nel processo di sviluppo e gestione di un negozio online di successo. La complessità della gestione di un e-commerce richiede una visione olistica e una meticolosa attenzione a ciascuno di questi aspetti, al fine di creare un'esperienza fluida e soddisfacente per il cliente e, di conseguenza, per promuovere la crescita e la sostenibilità del business nel lungo termine.

5.21 Misurazione delle Performance del Sito Monitorare le prestazioni del sito attraverso strumenti di analisi dei dati come Google Analytics è fondamentale per comprendere il comportamento degli utenti e identificare aree di miglioramento. Attraverso l'analisi dei dati, come la durata delle sessioni, il tasso di abbandono del carrello, e i percorsi di navigazione, puoi apportare modifiche mirate per ottimizzare l'esperienza utente.

5.22 Gestione della Sicurezza Online
Priorizzare la sicurezza del sito per proteggere sia il business che i clienti dagli attacchi informatici e dalle frodi. L'adozione di protocolli di sicurezza, come SSL, e sistemi antifrode è vitale per salvaguardare i dati sensibili dei clienti e mantenere la fiducia degli stessi.

5.23 Adattabilità Mobile Considerando l'aumento del m-commerce, assicurarti che il tuo negozio online sia ottimizzato per dispositivi mobili, non solo in termini di design responsive, ma anche per quanto riguarda la fluidità del processo di acquisto su piccoli schermi, è cruciale.

5.24 Sviluppo di un'App Mobile In parallelo all'ottimizzazione mobile del sito, considera lo sviluppo di un'app mobile nativa che possa offrire una esperienza d'uso ancora più diretta e personalizzata, integrando magari sistemi di notifiche push per aggiornamenti e offerte.

5.25 Assistenza Clienti Multicanale Proponi un servizio clienti multicanale che includa e-mail, chat, telefono e assistenza via social media, per soddisfare le preferenze di tutti i clienti e garantire supporto tempestivo in ogni situazione.

5.26 Strategie di Prezzo Sviluppa strategie di prezzo competitive e flessibili, considerando opzioni come sconti stagionali, codici promozionali, e programmi di fedeltà per incentivare gli acquisti ricorrenti.

5.27 Personalizzazione dell'Esperienza d'Acquisto Implementa strumenti e tattiche per personalizzare l'esperienza d'acquisto, come raccomandazioni prodotto basate sul comportamento di navigazione e acquisto del cliente, e messaggi personalizzati.

5.28 Logistica e Gestione delle Spedizioni

Elabora una strategia logistica efficace che assicuri tempi di spedizione rapidi e costi contenuti. Esplora diverse opzioni di spedizione e considera la possibilità di offrire la spedizione gratuita a partire da una certa spesa.

5.29 Rete di Distribuzione

Ottimizzare la rete di distribuzione, collaborando con diversi corrieri e servizi logistici per garantire una copertura ampia e costi contenuti, è fondamentale per mantenere la promessa di tempi di consegna brevi.

5.30 Uso di Tecnologia di Automazione

L'automazione di diversi aspetti operativi, dalla gestione dell'inventario alle comunicazioni e-mail con i clienti, può migliorare l'efficienza e ridurre il carico di lavoro manuale, permettendoti di focalizzarti su strategie e operazioni core.

Questi ulteriori punti sviluppano la complessità e l'ampiezza dell'argomento legato alla creazione e gestione di un negozio online, integrando elementi che spaziano dalla sicurezza alla logistica, passando per l'uso di tecnologia avanzata e strategie mirate al fine di ottimizzare non solo l'esperienza del cliente ma anche la gestione operativa e strategica del business. Un e-commerce di successo si costruisce attraverso una pianificazione meticolosa in ogni settore e una continua adattabilità alle evoluzioni del mercato e alle esigenze del cliente.

In conclusione, la creazione di un negozio online nel contesto del dropshipping richiede una progettazione strategica e un'attuazione meticolosa in ogni singolo aspetto per assicurare non solo la funzionalità e l'estetica del sito ma anche la costruzione di un'esperienza cliente coerente, sicura e soddisfacente.
La selezione della piattaforma di e-commerce giusta servirà come fondamenta solida su cui costruire l'intera operatività del business online.
Da questa scelta dipenderanno molte dinamiche, tra cui le funzionalità disponibili, la scalabilità del negozio, e le possibilità di personalizzazione, che devono essere analizzate e valutate in base alle specifiche esigenze e obiettivi del business.
L'integrazione con altre soluzioni software per la gestione di vari aspetti, come CRM e sistemi di gestione delle spedizioni, rappresenterà un ulteriore elemento chiave per semplificare e ottimizzare le operazioni.
La costruzione del sito deve riflettere l'identità del brand e parlare direttamente al target di riferimento attraverso un design intuitivo, un'UX fluida, e contenuti pertinenti e coinvolgenti.
L'usabilità del sito, in particolare, gioca un ruolo centrale nel favorire l'engagement dell'utente e

nel facilitare il percorso d'acquisto, riducendo al minimo i punti di attrito e i tassi di abbandono del carrello.

L'aspetto tecnico e funzionale del sito, incluse le prestazioni, la sicurezza e l'adattabilità mobile, è fondamentale per assicurare un funzionamento senza intoppi e per proteggere i dati sensibili degli utenti. Questo non solo migliora la percezione del brand da parte dei clienti ma costruisce anche quella fiducia necessaria per incentivare gli acquisti e la lealtà nel lungo termine.

Un'attenzione particolare va data alla personalizzazione dell'esperienza d'acquisto attraverso l'utilizzo di dati e tecnologie, per far sentire ogni visitatore unico e valorizzato e per aumentare la probabilità di conversione e di acquisti ripetuti. L'assistenza al cliente, rappresentata in varie forme e canali, dovrà essere pronta a supportare, guidare, e risolvere i problemi, diventando il volto umano della tua impresa digitale e contribuendo attivamente alla soddisfazione e retention della clientela.

Infine, la logistica e la gestione delle spedizioni rappresentano un aspetto centrale nel dropshipping e vanno pianificate in modo da garantire rapidità, affidabilità e costi contenuti. Una strategia di pricing accurata e dinamica, oltre all'implementazione di promozioni e sconti, può agire come leva per stimolare le vendite e competere efficacemente sul mercato.

In sintesi, ogni elemento citato va intrecciato strategicamente con gli altri, creando un ecosistema digitale olistico che non solo risponda alle esigenze del cliente ma anche alle dinamiche sempre mutevoli del mercato online. La creazione di un negozio online nel mondo del dropshipping è un percorso che richiede una dedizione costante, una sperimentazione continua e una pronta capacità di adattamento e rinnovamento. Con la giusta strategia, tecnologia e focalizzazione sul cliente, il tuo e-commerce può emergere, crescere e prosperare in un panorama digitale affollato e competitivo.

6. Branding e Posizionamento • Creazione di un marchio forte e posizionamento sul mercato.

La creazione di un brand forte e il posizionamento strategico nel mercato sono fondamentali per il successo di un'impresa di dropshipping, poiché influenzano direttamente la percezione dei clienti e il modo in cui l'azienda si distingue nella mente dei consumatori rispetto ai concorrenti.

1. Definizione dell'Identità del Brand

- **Mission e Vision**: Clarificare la mission e la vision del tuo business fornisce una guida chiara per tutte le decisioni aziendali e la comunicazione del brand.

- **Valori**: I valori del brand influenzano le interazioni con i clienti e guidano le operazioni interne.
- **Personalità del Brand**: Determina il tono di voce e lo stile di comunicazione, che devono essere coerenti su tutti i canali.

2. Design del Brand

- **Logo**: Creare un logo distintivo e facilmente riconoscibile che rappresenti visualmente l'identità del brand.
- **Colori e Tipografia**: Scegliere schemi di colori e tipografie che siano coerenti con l'identità e la personalità del brand.
- **Immagini e Grafica**: Utilizzare immagini e elementi grafici che risuonino con il tuo pubblico target e siano coerenti con la tua identità di marca.

3. Proposta di Valore Unica (UVP)

- Identificare e comunicare chiaramente cosa rende unico il tuo brand e perché i clienti dovrebbero sceglierti.
- Articolare chiaramente i benefici e i risultati che i clienti possono aspettarsi dai tuoi prodotti.

4. Strategia di Posizionamento

- **Analisi della Concorrenza**: Esaminare i concorrenti per identificare opportunità e gap nel mercato.

- **Target di Mercato**: Identificare chiaramente a chi sono destinati i tuoi prodotti e adattare la comunicazione a quel segmento.
- **Posizionamento**: Definire e comunicare chiaramente il posizionamento del tuo brand nel mercato.

5. Esperienza del Cliente

- Creare un'esperienza clienti omogenea e positiva in ogni punto di contatto con il brand.
- Assicurarsi che ogni interazione, dal sito web al servizio clienti, sia allineata con l'identità del brand e la UVP.

6. Costruzione della Reputazione

- Focalizzarsi sulla costruzione di relazioni positive con i clienti e sull'ottenimento di recensioni favorevoli.
- Gestire attivamente la reputazione online, rispondendo a feedback e recensioni e risolvendo prontamente eventuali problemi.

7. Comunicazione e Marketing

- **Strategia di Comunicazione**: Definire chiaramente i messaggi chiave del brand e come saranno comunicati.
- **Strategia di Marketing**: Sviluppare e implementare una strategia di marketing coerente che supporti gli obiettivi del brand e raggiunga il pubblico target.

- **Canali di Comunicazione**: Selezionare e utilizzare in modo efficace i canali di comunicazione appropriati per il tuo pubblico.

8. Adattabilità

- Essere pronti ad adattarsi e evolvere il brand in risposta a feedback dei clienti e cambiamenti del mercato.

9. Misurazione e Analisi

- Implementare strumenti e metriche per monitorare le prestazioni del brand e l'efficacia delle campagne.

Incorporare questi elementi nella strategia di branding e posizionamento non solo aiuterà a creare un'immagine di marca forte e distintiva, ma guiderà anche tutte le attività dell'azienda, dalla comunicazione al servizio clienti, garantendo coerenza e risonanza con il tuo pubblico target. Ricorda che un brand ben costruito e posizionato favorisce la lealtà dei clienti, la preferenza del mercato e, infine, guida al successo e alla sostenibilità a lungo termine del business.

Parte della Costruzione della Marca: Storytelling e Coinvolgimento dei Clienti

- **Storytelling del Brand**: Narrare una storia che esprima la mission e i valori del tuo brand. Le storie emotive possono creare una connessione più profonda con i clienti e aiutare a costruire un rapporto duraturo. Ciò include:
    - **Storia di Origine**: Da dove proviene il tuo brand e quali ostacoli ha superato?
    - **Successi dei Clienti**: Condividi storie di come i tuoi prodotti hanno positivamente impattato la vita dei clienti.
- **Coinvolgimento dei Clienti**: Instaurare una relazione bidirezionale con i clienti, incentivandone il coinvolgimento con il tuo brand.
    - **Programmi Fedeltà**: Sviluppa programmi di fidelizzazione per ricompensare i clienti ricorrenti.
    - **Community Building**: Creare spazi, come forum o gruppi sui social media, per permettere ai tuoi clienti di connettersi e condividere le loro esperienze.
    - **Eventi e Lanci**: Organizzare eventi virtuali o fisici che offrano un'esperienza unica e coinvolgente attorno al tuo brand e prodotti.

Aspetti Legali e Etici del Branding

- **Protezione del Brand**: Assicurarti che il tuo brand sia legalmente protetto è fondamentale.
    - **Marchio Registrato**: Considera di registrare il tuo marchio per proteggere legalmente la tua identità aziendale e il logo.
    - **Copyright**: Assicurati che tutti i contenuti, inclusi il sito web, le immagini e i materiali di marketing, siano protetti dal copyright quando appropriato.
- **Etica Aziendale**: In un'epoca in cui i consumatori sono sempre più consapevoli e selettivi, le prassi etiche sono cruciali.
    - **Responsabilità Sociale**: Dimostrare un impegno verso la responsabilità sociale e ambientale.
    - **Trasparenza**: Essere trasparenti riguardo alle pratiche aziendali e alla provenienza dei prodotti.

Branding e Tecnologia

- **Tecnologia e Innovazione**: Utilizzare la tecnologia per migliorare l'esperienza del cliente e mantenere il brand al passo con i tempi.
    - **Realizzazione Virtuale**: Adottare strumenti di realtà aumentata o virtuale per migliorare l'esperienza d'acquisto online.

- **Chatbot e Assistenza**: Implementare chatbot e assistenza virtuale per offrire un servizio clienti immediato e 24/7.
- **Analisi dei Dati**: Utilizzare dati e analisi per comprendere meglio il tuo pubblico e ottimizzare le strategie di branding.
  - **Comportamento dei Clienti**: Analizzare i dati di acquisto e di navigazione per comprendere le preferenze e il comportamento dei clienti.
  - **Feedback e Recensioni**: Analizzare il feedback e le recensioni dei clienti per identificare aree di miglioramento e opportunità di crescita.

Sostenibilità del Brand

- **Sostenibilità**: Impegnarsi in pratiche sostenibili non solo è benefico per il pianeta, ma è anche un forte punto di vendita per i clienti.
  - **Prodotti Eco-friendly**: Considerare la vendita di prodotti che hanno un impatto ambientale minimo.
  - **Packaging Sostenibile**: Utilizzare materiali riciclabili o biodegradabili per l'imballaggio dei prodotti.

Internazionalizzazione del Brand

- **Adattamento Culturale**: Quando espandi il tuo brand a livello internazionale, considera le differenze culturali e adatta la comunicazione di conseguenza.

- **Lingua e Comunicazione**: Adattare il linguaggio e i messaggi di marketing a diverse culture e lingue.
- **Valori Culturali**: Essere consapevoli e rispettosi dei valori e delle norme culturali di diverse regioni.

In ogni fase e aspetto del branding e posizionamento, l'obiettivo principale rimane quello di creare una connessione forte e positiva tra il brand e i clienti, garantendo che ogni elemento, dalla comunicazione alla presentazione del prodotto, sia allineato con l'identità e i valori del brand. Un'attenta strategia e implementazione in queste aree possono stabilire un brand non solo riconoscibile, ma anche rispettato e preferito nel mercato.

Collaborazioni e Partnership di Marca

- **Partnership Strategiche**: Creare alleanze con altre aziende o influencer che condividono valori simili o che possono offrire valore aggiunto al tuo pubblico. Questo potrebbe includere:
  - **Cocreation**: Lavorare insieme a un partner per creare un prodotto o servizio unico.
  - **Programmi di Affiliazione**: Creare o aderire a programmi di affiliazione con brand che offrono prodotti o servizi complementari.

- **Influencer Marketing**: Collaborare con influencer nei social media che possano autenticamente appoggiare e promuovere il tuo prodotto o brand.
  - **Scelta dell'Influencer**: Identificare influencer che rispecchiano i valori del tuo brand e che abbiano un seguito che rappresenta il tuo pubblico target.
  - **Campagne Autentiche**: Sviluppare campagne di influencer marketing che sembrino autentiche e non forzate.

Branding Attraverso il Servizio Clienti

- **Esperienza del Cliente**: Assicurati che l'esperienza del cliente sia positiva a ogni punto di contatto con il brand.
  - **Supporto Clienti**: Offrire un servizio clienti eccezionale, assicurandoti che i clienti si sentano ascoltati e valorizzati.
  - **Politiche Chiare**: Politiche di reso, spedizione e pagamento chiare e semplici da comprendere e utilizzare.
- **Customer Journey Map**: Sviluppare una mappa del percorso del cliente per comprendere e ottimizzare ogni punto di contatto del cliente con il brand.
  - **Touchpoint**: Identificare e migliorare ogni punto di contatto durante il percorso del cliente.

- **Flusso Omnicanale**: Assicurarsi che il cliente possa muoversi senza problemi tra diversi canali di vendita e supporto.

Branding Visivo e Identità

- **Consistenza Visiva**: Mantenere una coerenza visiva attraverso tutti i canali, inclusi sito web, social media e materiali stampati.
  - **Palette Colori**: Stabilire una palette di colori che rifletta l'identità del tuo brand e usarla coerentemente.
  - **Tipografia**: Scegliere un carattere tipografico che sia leggibile e in linea con l'identità del brand.
- **Guida allo Stile**: Creare una guida allo stile del brand che stabilisca norme per l'uso del logo, colori, immagini e altro.
  - **Uso del Logo**: Specifiche su come e dove il logo può essere utilizzato.
  - **Tono della Comunicazione**: Stabilire il tono della voce del brand e assicurarsi che sia coerente in tutte le comunicazioni.

Strategie di Prezzo e Posizionamento

- **Strategie di Prezzo**: Stabilire una strategia di prezzo che non solo copra i costi e generi profitto, ma che anche posizioni il brand correttamente nel mercato.
  - **Psicologia del Prezzo**: Utilizzare tattiche come il "charm pricing" (ad es. $99.99

invece di $100) per rendere i prezzi più attraenti.

- **Sconti e Offerte**: Decidere quando e come offrire sconti e offerte speciali senza deprezzare il brand.

- **Confronto Competitivo**: Comprendere come i prezzi dei tuoi prodotti si confrontano con quelli dei concorrenti e assicurarti che riflettano il valore percepito.

  - **Analisi dei Concorrenti**: Esaminare i prezzi e le offerte dei concorrenti per identificare gap o opportunità.

  - **Valore Aggiunto**: Identificare e comunicare chiaramente il valore aggiunto del tuo prodotto rispetto ai concorrenti.

Implementazione della Tecnologia per il Branding

- **Automazione del Marketing**: Implementare strumenti di automazione del marketing per ottimizzare la comunicazione e l'engagement con i clienti.

  - **Email Marketing**: Utilizzare l'automazione dell'email per inviare messaggi tempestivi e pertinenti.

  - **Segmentazione del Pubblico**: Utilizzare dati e analitiche per segmentare il tuo pubblico e personalizzare la comunicazione.

- **Utilizzo di API**: Integrare API (Interfacce di Programmazione Applicazioni) per migliorare funzionalità e connettività tra diverse piattaforme e strumenti utilizzati per la gestione del brand e delle vendite.

Mantenere una prospettiva olistica e focalizzata sul cliente in ogni aspetto del branding e del posizionamento assicurerà che il tuo brand sia forte, coerente e risonante con il tuo pubblico target, costruendo così una reputazione positiva e fedeltà del cliente nel tempo.

Storytelling e Creazione di Contenuti

- **Storie di Marca**: Narrare storie che parlino della nascita, crescita e valori del tuo brand, rendendo l'azienda più umana e relazionabile per i clienti.
    - **Umanizzazione del Brand**: Condividere storie dei fondatori, dipendenti, e della comunità per creare un legame emotivo con i clienti.
    - **Case Study**: Presentare studi di caso che evidenziano il successo dei clienti utilizzando i tuoi prodotti o servizi.
- **Blog e Articoli**: Utilizzare un blog aziendale per condividere contenuti utili, educativi e interessanti per il tuo target.
    - **SEO**: Scrivere contenuti SEO-friendly per attirare traffico organico al tuo sito web.

- **Guest Posting**: Collaborare con altri blog o piattaforme per espandere la tua portata e autorevolezza.

Community Building e Engagement

- **Forum e Gruppi**: Creare o partecipare a forum e gruppi che condividono interessi o problemi comuni con il tuo brand.
  - **Supporto alla Comunità**: Fornire una piattaforma per la condivisione di idee, risoluzione di problemi e supporto peer-to-peer.
  - **Evento e Meetup**: Organizzare eventi, sia virtuali che fisici, per connettere la comunità e rafforzare i legami.
- **Feedback e Recensioni**: Valorizzare il feedback dei clienti e utilizzarlo per migliorare prodotti e servizi.
  - **Gestione delle Recensioni**: Rispondere attivamente alle recensioni online e utilizzare i feedback per miglioramenti.
  - **Testimonial**: Utilizzare testimonianze positive come social proof sul sito web e in altre materiale di marketing.

Strategia dei Social Media

- **Presenza sui Social Media**: Mantenere un profilo attivo e coinvolgente su varie piattaforme di social media rilevanti per il tuo pubblico.

- **Calendario Editoriale**: Creare un calendario editoriale per pianificare post, campagne e interazioni.
  - **Visual Storytelling**: Utilizzare immagini, video e altri contenuti visivi per raccontare storie del brand.
- **Pubblicità sui Social Media**: Implementare campagne pubblicitarie sui social media per aumentare la visibilità del brand e attirare nuovi clienti.
  - **Targeting**: Utilizzare opzioni di targeting avanzate per raggiungere il pubblico giusto.
  - **Retargeting**: Implementare campagne di retargeting per riconquistare utenti interessati o precedenti clienti.

Analisi e Monitoraggio del Brand

- **Analisi dei Dati**: Utilizzare strumenti di analisi dei dati per monitorare e valutare l'efficacia delle tue strategie di branding e marketing.
  - **KPI**: Definire e monitorare KPI chiave come la consapevolezza del brand, la percezione e la lealtà dei clienti.
  - **Analytics**: Utilizzare Google Analytics o altri strumenti analitici per tracciare le prestazioni online del tuo brand.
- **Monitoraggio del Brand**: Utilizzare strumenti di monitoraggio per tener traccia delle menzioni del brand e della percezione online.

- **Sentiment Analysis**: Utilizzare l'analisi del sentiment per comprendere come il pubblico percepisce il tuo brand online.
- **Gestione della Reputazione**: Implementare strategie di gestione della reputazione per gestire le criticità e valorizzare i feedback positivi.

La costruzione di un brand e il posizionamento richiedono un'approccio metodico e olistico che considera ogni punto di contatto con il cliente e l'immagine proiettata in ogni canale e piattaforma. E' fondamentale sintonizzare ogni elemento della strategia di branding per costruire una percezione positiva e coerente nei cuori e nelle menti dei clienti.

Design e Identità Visiva

- **Logo e Elementi Grafici**: Il design del logo e gli elementi grafici coerenti sono essenziali per costruire un'identità visiva forte e riconoscibile.
  - **Colori e Tipografia**: Stabilire una palette di colori e stili di carattere tipografico che rappresentino il tuo brand in maniera coerente e distintiva.
  - **Guida allo Stile**: Creare una guida allo stile dettagliata per assicurare coerenza attraverso tutti i canali e punti di contatto con il cliente.

- **Packaging e Materiali di Presentazione**: Ogni elemento fisico che rappresenta il tuo brand, come il packaging o i materiali di presentazione, dovrebbe riflettere chiaramente la tua identità di marca.
  - **Esperienza Unboxing**: Considera l'esperienza di unboxing dei tuoi prodotti, assicurando che sia memorabile e in linea con il tuo brand.
  - **Materiali Promozionali**: I brochures, i biglietti da visita e altri materiali promozionali devono essere uniformi e coesivi nel comunicare il tuo brand.

Comunicazione e Voce del Brand

- **Tonality e Voce del Brand**: Definire una voce di marca chiara e coerente che risuoni con il tuo pubblico target e si manifesti in ogni comunicazione.
  - **Personalità del Brand**: Identificare e comunicare una personalità di brand che sia unica, riconoscibile e attrattiva per il tuo pubblico.
  - **Linguaggio e Stile di Scrittura**: Assicurati che il tuo modo di comunicare sia coerente attraverso tutti i canali e che rifletta il tuo brand.
- **Relazioni Pubbliche**: Costruisci e mantieni relazioni con i media e influencer del settore per ampliare la portata e la visibilità del tuo brand.

- **Comunicati Stampa**: Utilizzare comunicati stampa per comunicare novità e sviluppi importanti riguardanti il tuo brand.
- **Eventi e Lanci**: Organizzare eventi per lanciare nuovi prodotti o servizi, aumentando la visibilità e l'engagement.

Responsabilità Sociale Aziendale (RSA) e Sostenibilità

- **Pratiche Sostenibili**: Comunicare e dimostrare l'impegno del tuo brand verso la sostenibilità e pratiche ecologicamente responsabili.
  - **Certificazioni Verdi**: Ottenere e mettere in evidenza certificazioni che dimostrano l'attenzione del tuo brand alla sostenibilità.
  - **Progetti Verdi**: Intraprendere e comunicare iniziative che dimostrino il tuo impegno verso l'ambiente e la comunità.
- **Filantropia e Iniziative Sociali**: Engage in attività che mostrano il lato umano e responsabile del tuo brand, coinvolgendo la comunità e sostenendo cause.
  - **Partnership e Collaborazioni**: Collaborare con ONG e organizzazioni non-profit che si allineano con i valori del tuo brand.

- **Iniziative Benefiche**: Organizzare eventi e campagne per raccogliere fondi o sensibilizzare su temi importanti.

Client Relationship Management (CRM)

- **Servizio Clienti**: Offrire un servizio clienti eccezionale che non solo risolva i problemi ma anche delizi i clienti.
  - **Supporto Multicanale**: Offrire assistenza attraverso vari canali - email, chat, telefono, e social media.
  - **Assistenza Proattiva**: Prevedere e risolvere attivamente i problemi dei clienti prima che si presentino.
- **Fidelizzazione del Cliente**: Sviluppare strategie per aumentare la ritenzione dei clienti e incoraggiare il passaparola positivo.
  - **Programmi Loyalty**: Implementare programmi di fidelizzazione che ricompensino i clienti per la loro lealtà e ripetere acquisti.
  - **Sorprese e Delight**: Creare momenti "wow" inaspettati per i clienti attraverso piccole sorprese o gesti di apprezzamento.

Navigando attraverso queste aree tematiche, ricorda che ogni elemento dovrebbe essere attentamente ponderato e sviluppato in modo da riflettere i veri valori e l'essenza del tuo brand. L'allineamento coerente di ogni singolo punto con la strategia generale di branding assicurerà che tu costruisca un brand forte, riconoscibile e fidato nel tempo.

Strategia di Content Marketing

- **Creazione di Contenuti di Qualità**: Rifornisci regolarmente il tuo pubblico con contenuti utili, informativi e coinvolgenti attraverso blog, video, podcast e altro.
    - **Blog Posts**: Scrivi articoli dettagliati che forniscono valore aggiunto ai tuoi clienti, rispondendo alle loro domande e risolvendo i loro problemi.
    - **Video Marketing**: Utilizza il video per dimostrare i prodotti, condividere storie di clienti o offrire un dietro le quinte del tuo business.
- **SEO**: Ottimizza i tuoi contenuti per i motori di ricerca, assicurando che le parole chiave pertinenti siano incluse per guidare il traffico organico al tuo sito.
    - **Ottimizzazione On-Page**: Assicurati che ogni pagina del tuo sito sia ottimizzata per parole chiave specifiche e relative al tuo business.
    - **Backlinking**: Costruisci una solida rete di backlink per migliorare la tua autorità di dominio e le classifiche dei motori di ricerca.

Strategia sui Social Media

- **Presenza sui Social Media**: Stabilisci e mantieni attive pagine del tuo brand sui principali social media per coinvolgere il tuo pubblico.
  - **Pubblicità**: Sfrutta gli annunci a pagamento sui social media per raggiungere nuovi pubblici e promuovere i tuoi prodotti.
  - **Engagement**: Interagisci regolarmente con il tuo pubblico attraverso commenti, messaggi e condivisioni.
- **Influencer Marketing**: Collabora con influencer nel tuo settore per ampliare la tua portata e legittimare il tuo brand.
  - **Scelta dell'Influencer**: Identifica e raggiungi gli influencer che allineano i loro valori e follower con il tuo brand.
  - **Campagne Collaborative**: Lancia campagne che sfruttano sia la tua che la loro visibilità per massimizzare l'impatto.

Gestione delle Recensioni e Reputazione Online

- **Raccolta di Recensioni**: Incoraggia i clienti soddisfatti a lasciare recensioni positive su piattaforme pertinenti e sul tuo sito web.
  - **Risposta alle Recensioni**: Rispondi in modo costruttivo sia alle recensioni positive che a quelle negative, mostrando il

tuo impegno verso la soddisfazione del cliente.

- **Gestione delle Critiche**: Affronta eventuali feedback negativi con professionalità e usa quei feedback per migliorare i tuoi servizi/prodotti.

- **Studio della Concorrenza**: Analizza i tuoi concorrenti e il modo in cui gestiscono il loro brand, apprendendo dalle loro strategie.

  - **Analisi SWOT**: Esegui un'analisi SWOT (Punti di Forza, Punti di Debolezza, Opportunità, Minacce) per comprendere come posizionarti in modo vantaggioso nel mercato.

  - **Differenziazione**: Trova i punti che rendono unico il tuo brand e sottolineali nelle tue comunicazioni e offerte.

Tecnologia e Innovazione

- **Adottare Tecnologia**: Implementa nuove tecnologie che possano migliorare l'esperienza del cliente e l'efficienza operativa del tuo business.

  - **Chatbot e IA**: Utilizza chatbot e intelligenza artificiale per migliorare il servizio clienti e personalizzare le esperienze.

  - **Analytics**: Sfrutta gli strumenti analitici per comprendere i comportamenti dei

clienti e migliorare le tue strategie di
marketing e vendita.

- **Innovazione**: Rimani aggiornato sulle ultime
tendenze del settore e sperimenta nuove idee e
strategie per mantenere il tuo brand fresco e
rilevante.
  - **Prodotti/Offerte**: Esplora
  continuamente nuovi prodotti o modalità
  di servizio per offrire qualcosa di nuovo e
  interessante ai tuoi clienti.
  - **Strategie di Marketing Innovativo**:
  Non aver paura di provare nuove tattiche di
  marketing che possano differenziarti dai
  concorrenti.

Ciascuna di queste sezioni può essere
approfondita ulteriormente per creare un
contenuto esaustivo e dettagliato che fornirà ai
lettori un'ampia panoramica e guide specifiche su
come sviluppare e gestire il branding e il
posizionamento nel mercato del dropshipping.
L'importante è mantenere un tono e uno stile
coerente che sia in linea con il messaggio che
vuoi trasmettere attraverso il tuo libro.

Conclusione: Branding e Posizionamento
Il branding e il posizionamento sono essenziali
nel dare forma e sostanza al tuo business di
dropshipping, funzionando come la linfa vitale
che permea ogni aspetto operativo e strategico

della tua attività. Non si tratta solo di creare un logo o scegliere un nome accattivante, ma di stabilire un'identità robusta e coerente che risoni autenticamente con il tuo pubblico di riferimento.

- **Risonanza del Brand**: È imperativo che il tuo brand non solo comunichi chiaramente ciò che rappresenti, ma che anche risoni a livello emotivo con i tuoi clienti, instaurando una connessione che va oltre la semplice transazione commerciale. Il tuo brand deve incarnare valori e principi che siano sia autentici che allettanti per il tuo pubblico.

- **Consistenza**: La coerenza del brand attraverso tutte le piattaforme e i punti di contatto con il cliente è fondamentale. Dalla presentazione del tuo sito web, alla voce utilizzata nei tuoi post sui social media, ogni elemento deve essere in sintonia con la personalità del tuo brand, creando un'esperienza omogenea per il cliente.

- **Fedelta' del Cliente**: Costruire un brand forte e positivo non solo aiuta a attrarre clienti, ma anche a trattenere quelli esistenti. Un cliente che si identifica con il tuo brand e con ciò che rappresenta sarà più propenso a tornare, generando quella lealtà del cliente che è vitale per la sostenibilità a lungo termine del tuo business.

- **Differenziazione Competitiva**: In un mercato affollato, il tuo brand deve emergere come distintivo e memorabile. Devi poter rispondere con chiarezza e convinzione alla domanda: "Perché i clienti dovrebbero scegliere il mio negozio piuttosto che un altro?". La differenziazione chiara e significativa ti posiziona un passo avanti rispetto ai concorrenti.

- **Adattabilità**: Sebbene la coerenza del brand sia cruciale, l'adattabilità alle mutevoli dinamiche del mercato e alle preferenze dei consumatori è altrettanto essenziale. Un brand rigido è destinato a obsolescenza; pertanto, il tuo brand deve essere sufficentemente flessibile da evolversi senza perdere la sua essenza fondamentale.

- **Narrativa del Brand**: Ogni brand ha una storia da raccontare, e la tua capacità di tessere questa narrativa in un modo che sia allo stesso tempo autentico e accattivante può trasformarsi in uno strumento potente per coinvolgere e legare a te il tuo pubblico.

- **Feedback e Crescita**: Infine, un brand non è un'entità statica. Deve crescere e svilupparsi in risposta non solo alle tendenze del mercato, ma anche ai feedback e alle esperienze dei clienti. Estrarre insegnamenti dai successi e dai fallimenti, e implementare modifiche proattive, garantirà che il tuo brand non solo sopravviva ma prosperi nel paesaggio in continua evoluzione del dropshipping.

In sintesi, il tuo brand è il cuore pulsante del tuo business di dropshipping. È il veicolo attraverso il quale i tuoi clienti comprendono, interagiscono e, in ultima analisi, stabiliscono una connessione con il tuo negozio. In un mondo digitale, dove le opzioni abbondano e l'attenzione del consumatore è sempre più frammentata, un brand forte, coerente e risonante non è solo desiderabile; è essenziale. E ricorda, ogni scelta che fai, dalla selezione dei prodotti alla gestione del servizio clienti, riflette e forma il tuo brand, garantendo che il tuo percorso nel mondo del dropshipping sia non solo lucrativo ma anche distintamente tuo.

7. Pricing Strategico • Strategie di prezzo per massimizzare i profitti.

Il pricing strategico è un elemento chiave per massimizzare i profitti in qualsiasi modello di business, e il dropshipping non fa eccezione. La definizione dei prezzi dei prodotti non solo influenza direttamente i tuoi margini di profitto, ma impatta anche la percezione del tuo brand, la proposta di valore e la competizione nel mercato. Andiamo ad approfondire alcuni aspetti fondamentali riguardo a questo punto:

- **Analisi dei Costi**: Prima di stabilire i prezzi dei tuoi prodotti, è fondamentale avere una comprensione chiara di tutti i costi associati all'operazione del tuo business di dropshipping. Questi possono includere il costo dei beni venduti (COGS), spese di spedizione, commissioni delle piattaforme, pubblicità e marketing, e altre spese operative.
- **Analisi della Concorrenza**: Comprendere come i tuoi concorrenti diretti e indiretti posizionano i loro prezzi ti aiuterà a posizionare strategicamente i tuoi prezzi nel mercato. Considera fattori come la differenziazione del prodotto, la qualità percepita e il posizionamento del brand quando confronti i prezzi della concorrenza.
- **Pricing Psicologico**: Utilizza tecniche di pricing psicologico per incentivare gli acquisti. Queste possono includere strategie come il charm pricing (ad es. prezzare un prodotto a 19,99$ invece che 20,00$) o la creazione di offerte bundle per aumentare il valore medio dell'ordine.
- **Strategie di Scontistica**: Sviluppa una strategia coerente per gli sconti e le promozioni. Decidi quando, come e perché offrirai sconti, mantenendo sempre in mente i tuoi margini di profitto e l'integrità del tuo brand.

- **Valore Aggiunto**: Considera come puoi aggiungere valore per giustificare i tuoi prezzi, specialmente se sono più alti della media del mercato. Questo potrebbe includere un eccezionale servizio clienti, una consegna veloce, o prodotti esclusivi.

- **Test A/B sui Prezzi**: Non aver paura di sperimentare con diverse strategie di prezzo per vedere cosa funziona meglio con il tuo pubblico. Testare diversi punti di prezzo e strutture promozionali può aiutarti a trovare il punto dolce che massimizza la conversione e i profitti.

- **Politica dei Prezzi**: Essere chiari e trasparenti riguardo alla tua politica dei prezzi è fondamentale per costruire la fiducia del cliente. Assicurati che i prezzi siano facilmente comprensibili e che eventuali costi aggiuntivi (come le spese di spedizione) siano chiaramente comunicati.

- **Prezzo e Posizionamento**: Ricorda che il tuo prezzo è anche un indicatore del posizionamento del tuo brand nel mercato. Un prezzo più alto potrebbe posizionarti come un brand premium, mentre un prezzo più basso potrebbe attrarre un mercato più ampio, ma con margini di profitto ridotti.

- **Analisi delle Performance**: Monitora costantemente le performance delle tue strategie di prezzo. Utilizza i dati delle vendite, i feedback

dei clienti e le metriche del sito web per valutare
l'efficacia dei tuoi prezzi e apportare le necessarie
modifiche.

In conclusione, il pricing strategico nel
dropshipping è un equilibrio tra l'ottimizzazione
dei profitti e il fornire un valore percepite e reale
ai tuoi clienti. Ogni decisione di prezzo dovrebbe
essere presa con una profonda comprensione del
tuo mercato, dei tuoi costi e dei tuoi clienti,
garantendo che la tua strategia sia sostenibile e
allineata con la tua proposta di valore
complessiva.

Elevare ulteriormente l'analisi delle strategie di
pricing richiede di prendere in considerazione
variabili e aspetti più sofisticati, che possono
influenzare la tua decisione sul prezzo e sulle
tattiche da implementare:

- **Elasticità della Domanda**: Capire come le
variazioni di prezzo influenzano la domanda dei
tuoi prodotti è fondamentale. Alcuni prodotti
hanno una domanda altamente elastica, il che
significa che piccole variazioni di prezzo possono
portare a significative modifiche nel volume delle
vendite. Al contrario, prodotti con domanda
inelastica non vedono grosse variazioni nelle
quantità vendute anche con variazioni di prezzo.
- **Differenziazione del Prodotto**: Quando i tuoi
prodotti hanno caratteristiche uniche o sono

percepiti come superiori a quelli dei concorrenti, potresti essere in grado di addebitare un premio sul prezzo. Qui, la comunicazione efficace delle USP (Unique Selling Propositions) diventa cruciale per giustificare il prezzo maggiorato.

- **Cross-Selling e Up-Selling**: Pensare strategicamente a come integrare il cross-selling e l'up-selling nelle tue tattiche di pricing. Questo potrebbe significare creare combinazioni di prodotti o offrire prodotti premium a clienti che mostrano interesse o acquistano prodotti standard.

- **Fattori Sazonali**: Valuta come i fattori sazionali potrebbero influenzare il tuo pricing. Ad esempio, potresti dover calibrare i tuoi prezzi in base alla domanda sazionale, oppure lanciare offerte speciali durante determinati periodi dell'anno.

- **Analisi del Ciclo di Vita del Prodotto**: Ogni prodotto attraversa diverse fasi nel suo ciclo di vita: lancio, crescita, maturità e declino. Ogni fase potrebbe richiedere una strategia di pricing diversa per massimizzare i profitti e la penetrazione di mercato.

- **Costi Variabili**: Oltre a conoscere i tuoi costi fissi, avere una piena comprensione dei costi variabili ti aiuterà a determinare il punto di pareggio per ogni prodotto e quindi a stabilire un prezzo che assicuri la redditività.

- **Adattabilità**: Il mercato del dropshipping è dinamico e in costante evoluzione. La tua strategia di pricing dovrà essere sufficientemente flessibile da adattarsi a cambiamenti del mercato, nuovi concorrenti e fluttuazioni dei costi.

- **Segmentazione dei Clienti**: Riconoscere che diversi segmenti di clienti potrebbero avere diversa sensibilità ai prezzi ti permetterà di implementare tecniche come il prezzo dinamico o le promozioni targetizzate per massimizzare la redditività da ogni segmento.

- **Analisi delle Conversioni**: Utilizzando strumenti analitici, monitora come le tue variazioni di prezzo influenzano i tassi di conversione. Ciò potrebbe aiutarti a identificare i prezzi che ottimizzano sia i profitti che il volume delle vendite.

- **Impatto a Lungo Termine**: Considera come le tue decisioni di prezzo oggi influenzeranno la percezione del tuo brand e il comportamento d'acquisto del cliente nel lungo termine. Incorporare queste variabili e concetti nella tua strategia di pricing non solo amplierà la tua capacità di prendere decisioni informate, ma ti fornirà anche una base solida per sostenere e crescere il tuo business di dropshipping in modo redditizio e sostenibile. Ogni variabile va ponderata e bilanciata accuratamente per costruire un modello di pricing che sia simultaneamente competitivo e sostenibile nel tempo.

Sicuramente, proseguendo con ulteriori elementi di approfondimento sulle strategie di prezzo nel contesto del dropshipping:

- **Psicologia dei Prezzi**: Esplorare e comprendere le percezioni e le reazioni psicologiche dei consumatori ai prezzi è vitale. Ad esempio, il pricing terminante in .99 (come 19.99) può essere percepito come significativamente inferiore a 20. Questi piccoli dettagli psicologici nel posizionamento del prezzo possono avere un impatto significativo sulle decisioni di acquisto dei consumatori.
- **Promozioni e Sconti**: Devi capire quando e come utilizzare gli sconti e le promozioni in modo efficace. Troppi sconti possono diminuire il valore percepito del tuo prodotto, mentre troppo pochi o nessuno potrebbero farti perdere opportunità di vendita.
- **Strategie di Penetrazione e Skimming**: Nel lancio di nuovi prodotti, la strategia di penetrazione (prezzi inizialmente bassi per guadagnare rapidamente quote di mercato) e lo skimming (prezzi elevati all'inizio per sfruttare segmenti di mercato meno sensibili al prezzo) possono essere alternativamente validi, a

seconda della tua offerta e posizionamento di mercato.

- **Comparazione dei Prezzi**: I consumatori adoreranno confrontare i prezzi tra diversi venditori. La tua strategia dovrà considerare il posizionamento dei prezzi dei concorrenti e assicurarsi che i tuoi prodotti offrano un buon rapporto qualità-prezzo.
- **Costi Nascosti e Spese di Spedizione**: Essere trasparenti riguardo a tutti i costi associati al tuo prodotto e all'ordine. Un prezzo apparentemente basso che viene poi incrementato significativamente da costi di spedizione o altre spese potrebbe portare i clienti ad abbandonare il carrello.
- **Politiche di Rimborso e Reso**: La tua politica di rimborso e reso, e come questa viene comunicata, può influenzare la percezione del rischio e, quindi, la volontà di pagare un determinato prezzo da parte del cliente.
- **Test A/B**: L'implementazione di test A/B sul pricing, analizzando come diversi segmenti di clientela reagiscono a varie strutture e livelli di prezzo, ti consentirà di ottimizzare ulteriormente la tua strategia.
- **Valore Aggiunto**: La percezione del valore può essere aumentata offrendo qualcosa in più senza incrementare significativamente i costi, come il

supporto clienti eccezionale, guide gratuite, tutorial, ecc.

- **Conformità Legale**: Assicurati che la tua strategia di pricing sia in linea con le leggi e le regolamentazioni locali, incluse le leggi antitrust e quelle relative alla concorrenza sleale.
- **Programmi di Fedeltà**: Considera come la tua strategia di pricing può essere integrata con un programma di fedeltà, offrendo vantaggi o sconti ai clienti abituali, migliorando così la ritenzione della clientela.
- **Garanzie**: Offrire garanzie robuste e trasparenti può legittimare il tuo prezzo, soprattutto se è più alto della media del mercato, mitigando i rischi percepiti dall'acquirente.
- **Analisi di Break-Even**: Comprendi a fondo il tuo punto di pareggio a vari livelli di prezzo per assicurarti che la tua strategia non solo generi vendite, ma anche profitti.
- **Tassazione**: Non dimenticare di considerare l'impatto delle tasse sul prezzo finale offerto al cliente e su i tuoi margini di profitto netto. Ciascuno di questi elementi necessita di un'analisi ponderata e dettagliata, per permetterti di sviluppare una strategia di pricing che non solo massimizzi i profitti, ma che anche costruisca un brand percepito positivamente e sia sostenibile nel lungo termine.
-

- **Pricing Dinamico**: Il pricing dinamico consente di adattare i prezzi in tempo reale in base a variabili come la domanda, l'inventario e le tendenze del mercato. Implementare un sistema che monitora e regola automaticamente i prezzi può aiutarti a sfruttare le opportunità di margine dove esistono e a rimanere competitivo quando la concorrenza intensifica.

- **Scontistica Quantitativa**: Implementare un sistema di sconti basato sulla quantità acquistata, incentivando gli acquirenti a comprare di più per beneficiare di prezzi unitari ridotti. Ad esempio, "compra 2 e il terzo è a metà prezzo".

- **Cross-Selling e Up-Selling**: Le strategie di pricing dovrebbero anche considerare tecniche di cross-selling e up-selling, proponendo prodotti correlati o versioni premium dei prodotti che i clienti stanno già considerando.

- **Pricing Psicologico**: Oltre al già citato "charm pricing" (.99), ci sono altre tattiche come il "prezzo di decoy", dove un'opzione di prezzo più elevata rende le altre opzioni sembrare più convenienti, o il "prezzo ancorato", dove un prezzo inizialmente alto serve come punto di riferimento per tutti gli sconti futuri.

- **Bundle Pricing**: Offrire pacchetti di prodotti correlati a un prezzo leggermente inferiore di quello che sarebbe se i prodotti fossero acquistati separatamente. Ciò può incrementare il valore percepito e aumentare la dimensione media dell'ordine.

- **Scarcity e Urgency Pricing**: Utilizzare tecniche che enfatizzano la scarsità o l'urgenza, come sconti temporanei, offerte flash o indicazioni del tipo "solo X pezzi rimasti" per stimolare l'acquisto.

- **Pricing Stagionale**: Adattare i prezzi alle diverse stagioni o eventi, come festività o saldi stagionali, per massimizzare le vendite quando la domanda è alta o stimolare le vendite durante i periodi di calma.

- **Cashbacks e Rebates**: Offrire cashback o rebates su determinati prodotti o su una soglia di spesa particolare, incoraggiando così l'acquisto e, nel caso di rebates, aumentando anche la probabilità di un secondo acquisto.

- **Sconti Condizionati**: Ad esempio, sconti applicabili solo al prossimo acquisto, o su una soglia minima di spesa, che incentivano ulteriori interazioni con il tuo negozio.

- **Matching dei Prezzi**: Garantire ai tuoi clienti che, se trovano un prezzo migliore altrove per lo stesso prodotto, tu sarai disposto ad eguagliare o battere quel prezzo.

- **Discounts on Future Purchases**: Offering discounts on future purchases once a certain amount has been spent, or once a particular product has been bought, can encourage repeat business.

- **Personalizzazione dei Prezzi**: Utilizzare i dati del cliente per offrire prezzi personalizzati, come sconti di compleanno o offerte basate su acquisti precedenti.

Queste strategie necessitano tutte di un'analisi accurata delle tue metriche di vendita, costi, e comportamento del cliente, così come di una solida comprensione della psicologia del consumatore e delle dinamiche di mercato. Ogni tattica ha i suoi contesti in cui risulta essere più efficace e dovrebbe essere implementata tenendo presente il quadro generale della tua strategia di pricing e obiettivi di business.

In conclusione, la determinazione delle strategie di pricing per il tuo negozio dropshipping non solo riguarda l'ottimizzazione dei profitti, ma anche l'orientamento percettivo e comportamentale del tuo pubblico. Un abile pricing non si limita a stabilire margini proficui, ma intreccia anche aspetti psicologici, emotivi e percettivi che influenzano le decisioni d'acquisto dei consumatori. Ogni strategia menzionata, dal pricing dinamico allo sconto condizionato, non dovrebbe essere considerata in isolamento, ma piuttosto come parte di un ecosistema interconnesso di tattiche che, quando utilizzate in modo sinergico, potenziano la proposta di valore del tuo negozio e l'esperienza complessiva del cliente.

Le implicazioni del pricing vanno ben oltre la mera transazione economica, influenzando la percezione del brand, la soddisfazione del cliente e la propensione alla lealtà e alla raccomandazione. Le scelte in materia di prezzo dovrebbero essere attuative non solo in base alle dinamiche di mercato e ai costi, ma dovrebbero anche riflettere e risonare con l'identità del brand e le aspettative del tuo segmento di clientela. Inoltre, una gestione etica e trasparente delle politiche di prezzo, che prevede chiarezza, coerenza e una comunicazione efficace, sarà fondamentale per stabilire e mantenere la fiducia del cliente.

Ricorda che le strategie di prezzo devono essere monitorate e regolate in modo proattivo, utilizzando dati e feedback per capire come le varie tattiche influenzano le metriche chiave come la conversione, il valore medio dell'ordine, la frequenza di acquisto e, ovviamente, la redditività. L'implementazione di strumenti e tecnologie, quali soluzioni di analisi dati e software di pricing dinamico, può fornire insight preziosi e automatizzare aspetti del processo, permettendoti di rispondere con agilità alle fluttuazioni del mercato e alle opportunità emergenti.

Inoltre, in uno scenario commerciale digitalizzato come quello del dropshipping, le strategie di prezzo non possono prescindere da una solida presenza online e da un efficace utilizzo dei canali di marketing digitale. La visibilità dei tuoi prodotti, le dinamiche competitive online e la facilità con cui i clienti possono confrontare i prezzi online sono tutti aspetti fondamentali che dovrebbero influenzare la tua strategia di pricing. In ultimo, mentre aspiri a massimizzare i tuoi guadagni attraverso le strategie di pricing, è imperativo mantenere al centro delle tue iniziative il valore per il cliente. Un approccio equilibrato, che mescola saggiamente profitto, competitività e offerta di valore tangibile e percettivo ai tuoi clienti, sarà la chiave per creare un business dropshipping prospero e sostenibile. La comprensione profonda delle necessità, desideri e comportamenti del tuo pubblico target, unita a una pratica attenta e data-driven delle tattiche di pricing, ti posizionerà in modo forte nel mercato, cementando le basi per la crescita e il successo a lungo termine del tuo negozio online.

8. Gestione delle Scorte • Come gestire l'inventario virtuale.

La gestione delle scorte in un'impresa di dropshipping è unica in quanto non richiede che tu detenga fisicamente gli inventari. Tuttavia, questo non significa che non ci siano sfide e considerazioni cruciali relative alla gestione dell'inventario da tenere a mente. Di seguito sono illustrati diversi aspetti e suggerimenti relativi alla gestione delle scorte nel dropshipping:

A. Collaborazione con i Fornitori

1. **Comunicazione Chiara e Continua:**
   - Mantenere una comunicazione regolare con i fornitori per essere sempre aggiornati sui livelli di inventario e i tempi di spedizione.

2. **Dati di Inventario:**
   - Assicurarsi che i fornitori forniscono dati di inventario accurati e tempestivi per evitare vendite di prodotti esauriti.

3. **Integrazioni Tecnologiche:**
   - Utilizzare piattaforme e strumenti che permettono l'integrazione con i sistemi dei tuoi fornitori, per avere un quadro in tempo reale dell'inventario disponibile.

B. Monitoraggio delle Scorte

1. **Automazione dei Dati:**

- Implementare soluzioni tecnologiche per il monitoraggio automatizzato delle scorte dei fornitori.

2. **Analisi dei Dati:**
   - Studiare i dati storici per identificare tendenze, stagionalità e altri pattern nei livelli di inventario.

C. Gestione delle Vendite

1. **Avvisi di Stock Basso:**
   - Creare avvisi automatici che ti informino quando un prodotto raggiunge un livello di inventario critico.

2. **Strategie di Pricing:**
   - Considerare l'adeguamento dei prezzi in base alla disponibilità dei prodotti e alla domanda del mercato.

D. Esperienza del Cliente

1. **Comunicazione Proattiva:**
   - Informare i clienti su possibili ritardi e mantenere la trasparenza riguardo alla disponibilità dei prodotti.

2. **Politiche di Rimborso:**
   - Stabilire chiare politiche di rimborso e reso in caso di problemi legati alla disponibilità dei prodotti.

E. Gestione dei Rischi

1. **Diversificazione dei Fornitori:**
   - Non fare affidamento su un unico fornitore per un prodotto; avere alternative può

salvaguardarti da potenziali problemi di inventario.

2. **Analisi della Performance del Fornitore:**
   - Valuta regolarmente le prestazioni dei tuoi fornitori in termini di affidabilità, tempi di spedizione e qualità dei prodotti.

F. Scalabilità

1. **Adattabilità del Modello:**
   - Essere pronti ad adattare il tuo modello di business alle mutevoli condizioni del mercato e alle tendenze del consumatore.

2. **Expanding Inventory:**
   - Esplorare nuovi prodotti e fornitori per ampliare il tuo inventario virtuale in risposta alle preferenze del cliente.

G. Legale e Conformità

1. **Conformità dei Prodotti:**
   - Assicurarsi che i prodotti venduti rispettino tutte le normative e standard locali e internazionali.

2. **Accordi con i Fornitori:**
   - Avere chiari accordi legali con i fornitori riguardanti la responsabilità per le scorte, i tempi di spedizione e la qualità dei prodotti.

H. Sostenibilità

1. **Selezione Etica dei Fornitori:**
   - Optare per fornitori che adottano pratiche sostenibili e etiche nella produzione e distribuzione dei prodotti.
2. **Packaging e Spedizione:**
   - Considerare opzioni di packaging e spedizione ecocompatibili ove possibile.

La gestione efficace delle scorte in un'impresa di dropshipping richiede un approccio olistico che tenga conto della tecnologia, dei dati, dell'esperienza del cliente, della gestione dei rischi, e di altri elementi cruciali. In questo modello, l'attenzione si sposta dalla gestione fisica delle scorte a una gestione basata su dati, relazioni fornitore, e comunicazione con i clienti, aspetti che, quando gestiti saggiamente, possono offrire un'esperienza cliente eccellente e operazioni fluide.

Continuazione delle Considerazioni sulla Gestione delle Scorte nel Dropshipping Inclusione Tecnologica nell'Inventario Virtuale

Il termine "inventario virtuale" nel dropshipping riferisce alla gestione e monitoraggio delle scorte senza la necessità di avere una presenza fisica o deposito di stoccaggio. Questo richiede un approccio tecnologico avanzato, in cui i dettagli

riguardanti la disponibilità di prodotti, le
vendite, i resi, e altri aspetti relativi all'inventario
vengono gestiti digitalmente.

1. **Utilizzo di API per l'Inventario:**
   - L'implementazione di API (Interfacce di
     Programmazione delle Applicazioni) per
     sincronizzare automaticamente i dati di
     inventario tra te e i tuoi fornitori può
     evitare problemi comuni come la vendita di
     articoli esauriti.

2. **Intelligenza Artificiale e Machine
   Learning:**
   - L'introduzione di IA e ML può aiutarti a
     prevedere le tendenze del mercato,
     identificando quali prodotti potrebbero
     diventare popolari e richiedere maggiore
     inventario.

Mitigazione di Problemi Potenziali di Inventario

Anche se la gestione fisica delle scorte non è
richiesta nel dropshipping, rimangono comunque
sfide logistiche e operative da superare.

1. **Problematiche di Backordering:**
   - Creare protocolli per gestire i backorder
     (ordini per prodotti attualmente non
     disponibili) assicurando che i clienti siano
     informati e abbiano opzioni quali
     attendere, selezionare prodotti alternativi o
     annullare l'ordine.

2. **Gestione delle Richieste Elevate:**
   - Creare strategie e piani per gestire periodi di alta domanda, come le festività, per evitare complicazioni con i fornitori e mantenere elevati standard di servizio al cliente.

Focalizzazione sulla Catena di Fornitura
Sebbene tu non gestisca fisicamente l'inventario, il tuo business dipende fortemente dalla rete di fornitori e dalla loro abilità nel gestire le scorte.

1. **Catena di Fornitura Trasparente:**
   - Garantire la trasparenza attraverso l'intera catena di approvvigionamento assicura che siate in grado di comunicare aspettative reali ai vostri clienti riguardo ai tempi di consegna e disponibilità dei prodotti.
2. **Auditing dei Fornitori:**
   - Valutare periodicamente i fornitori con audit per assicurare che siano in grado di rispettare gli accordi e mantenere un livello di qualità consistente.

Strategie Finanziarie e Costi Occulti
La gestione finanziaria e la consapevolezza dei costi associati al mantenimento di un inventario virtuale sono essenziali per la salute finanziaria del tuo business di dropshipping.

1. **Gestione dei Costi:**
   - Anche se non ci sono costi diretti associati al mantenimento delle scorte, è essenziale monitorare altri costi come quelli delle piattaforme di e-commerce, strumenti di analisi dati, e commissioni dei fornitori.
2. **Analisi Costi-Benefici:**
   - Una continua analisi costi-benefici deve essere eseguita per assicurarsi che i margini di profitto siano mantenuti e che eventuali problemi di costi vengano identificati e risolti tempestivamente.

Considerazioni Legislative e Normative

Rispettare le leggi e le normative è fondamentale per operare legalmente e mantenere una reputazione positiva sul mercato.

1. **Conformità alle Normative Doganali:**
   - Nel caso di vendite internazionali, è fondamentale conoscere e conformarsi alle normative doganali e di importazione dei vari paesi in cui operi.
2. **Responsabilità del Prodotto:**
   - Conoscere le tue responsabilità legali in caso di problemi con i prodotti venduti, anche se non sei il produttore diretto, è vitale per mitigare potenziali rischi legali.

Il modello di dropshipping, pur essendo liberatorio sotto diversi aspetti logistici, richiede un acuto senso di analisi, pianificazione strategica, e consapevolezza del mercato per navigare con successo attraverso la complessità del commercio elettronico e della gestione dell'inventario virtuale. Continuando a perfezionare queste aree, puoi incrementare la robustezza e la resilienza del tuo business nel lungo termine.

Estensione della Discussione sulla Gestione delle Scorte nel Dropshipping Collaborazioni e Partnership

Estendere la rete di contatti e formare partnership strategiche può aumentare la robustezza del tuo modello di business dropshipping, specialmente quando si tratta della gestione delle scorte virtuali.

1. **Relazioni con più Fornitori:**
   - Estendere le relazioni a diversi fornitori per ciascun prodotto o categoria di prodotto può offrire un cuscinetto in caso di problemi di scorte o di altre problematiche con un fornitore specifico.

2. **Partnership con Piattaforme di E-commerce:**
   - Formare alleanze con piattaforme di e-commerce può fornire un supporto tecnologico, come l'accesso a plugin o API, che facilitano la gestione ottimizzata delle scorte virtuali.

Integrazione con altre Tecnologie

L'interazione e l'integrazione con altre tecnologie possono sostenere la tua gestione di inventario virtuale e migliorare l'esperienza utente.

1. **Blockchain per la Tracciabilità:**
   - Implementare la tecnologia blockchain può migliorare la tracciabilità del prodotto attraverso la catena di fornitura, offrendo trasparenza e fiducia ai clienti.
2. **Chatbots e Supporto Clienti AI:**
   - Utilizzare chatbots e IA per gestire le richieste dei clienti in merito alla disponibilità dei prodotti e ai tempi di consegna può migliorare l'esperienza del cliente e ridurre la pressione sul tuo team di supporto clienti.

Branding e Percezione del Cliente

Il modo in cui gestisci il tuo inventario virtuale e rispondi alle sfide correlate può avere un impatto significativo sulla percezione del tuo brand e sulla lealtà del cliente.

1. **Comunicazione Proattiva:**
   - La comunicazione proattiva riguardante la disponibilità dei prodotti, i tempi di spedizione previsti, e le soluzioni a eventuali problemi possono migliorare la soddisfazione del cliente e la lealtà al brand.

2. **Programmi di Fidelizzazione:**
   - Implementare programmi di fidelizzazione che ricompensino i clienti per la loro pazienza in caso di problemi o ritardi legati all'inventario può mantenere i clienti felici e coinvolti.

Etica e Sostenibilità

La consapevolezza crescente circa l'importanza dell'etica e della sostenibilità nel commercio elettronico non può essere trascurata, anche nel modello di business dropshipping.

1. **Sostenibilità dei Fornitori:**
   - Valutare e comunicare le pratiche sostenibili dei tuoi fornitori può non solo migliorare l'immagine del tuo brand ma anche attrarre un mercato consapevole e etico.

2. **Produzione Etica:**
   - Avere una comprensione chiara delle pratiche di produzione dei tuoi fornitori e assicurarti che siano eticamente solidi è fondamentale per mantenere l'integrità del tuo brand.

Analisi e Gestione dei Dati

Una gestione efficace delle scorte virtuali nel dropshipping dipende fortemente dall'abilità di analizzare e reagire ai dati pertinenti.

1. **Tool Analitici Avanzati:**

- Utilizzare strumenti analitici per monitorare e prevedere le tendenze delle vendite, la popolarità dei prodotti e l'efficacia delle campagne di marketing può guidare decisioni informate sulla gestione dell'inventario.

2. **Risposta ai Dati in Tempo Reale:**
   - Creare sistemi che permettano di rispondere rapidamente ai dati in tempo reale, come un repentino aumento della domanda per un paricolare prodotto, è cruciale per sfruttare le opportunità di mercato e prevenire problemi di scorte.

La natura vasta e interconnessa del dropshipping richiede una comprensione approfondita e multidimensionale delle varie sfaccettature che influenzano la gestione delle scorte virtuali. Da considerazioni tecnologiche a relazioni con i fornitori, etica, e gestione dei dati, ogni elemento contribuisce all'operatività complessiva e al successo del tuo business di e-commerce.

Conclusione Dettagliata sulla Gestione delle Scorte in un Contesto di Dropshipping

Ricapitolando, la gestione delle scorte in un ambiente di dropshipping non è solo una questione di monitoraggio quantitativo degli articoli disponibili presso i fornitori. Si tratta di un delicato equilibrio che necessita di una precisa sintesi tra tecnologia avanzata, analisi dati, relazioni con i fornitori, e una strategia orientata al cliente, il tutto supportato da una forte base etica e sostenibile.

Tecnologia e Dati: Pilastri della Gestione dell'Inventario Virtuale

La tecnologia funge da fulcro nella gestione dell'inventario virtuale. Le piattaforme di e-commerce e i tool analitici avanzati devono essere sfruttati per ottenere, elaborare, e rispondere ai dati in tempo reale, garantendo così che i prodotti siano sempre disponibili quando e dove i clienti li desiderano.

L'integrazione della blockchain, dei chatbots, e di altre tecnologie AI può non solo ottimizzare i processi ma anche migliorare la trasparenza e l'esperienza del cliente, assicurando che il business rimanga al passo con le innovazioni nel settore.

Relazioni e Collaborazioni: Fondamenta per una Rete di Fornitura Stabile

Un'attenzione particolare deve essere posta sulla costruzione e il mantenimento di solide relazioni con i fornitori e su eventuali partnership strategiche. Queste relazioni non si limitano unicamente a una transazione commerciale, ma estendono la loro influenza sulla reputazione del brand, sull'etica del business, e sulla capacità di fornire ai clienti ciò che vogliono in modo tempestivo e affidabile. La diversificazione delle collaborazioni con i fornitori riduce i rischi associati a possibili interruzioni della catena di approvvigionamento e mantiene il negozio flessibile di fronte a sfide ed opportunità.

Etica e Sostenibilità: Vettori di Valore e Fiducia del Cliente

L'etica e la sostenibilità svolgono un ruolo cruciale nel posizionare il tuo brand come un'entità di fiducia e valore nel mercato. Aderire e comunicare chiaramente le pratiche etiche e sostenibili non solo rinforza il tuo brand ma risponde anche alle crescenti richieste dei consumatori per una maggiore responsabilità e trasparenza nel commercio elettronico. La selezione consapevole di fornitori che condividono una visione etica e sostenibile del business contribuisce a costruire un marchio rispettato e apprezzato.

Orientamento al Cliente: Nucleo della Strategia di Business

Il fulcro della gestione delle scorte, e del modello di business dropshipping nel suo insieme, deve sempre rimanere il cliente. La trasparenza, una comunicazione proattiva, programmi di lealtà e un supporto clienti efficace non sono semplicemente 'nice-to-have' ma sono essenziali per costruire e mantenere una base di clienti

leale e soddisfatta. In ogni decisione, dalla selezione dei prodotti alla gestione delle scorte, il cliente deve essere al centro della strategia.
In conclusione, mentre il dropshipping elimina la necessità di gestire un inventario fisico, introduce la complessità di gestire attentamente le scorte a livello virtuale. La capacità di navigare con abilità tra tecnologia, dati, relazioni, etica e strategie orientate al cliente determina non solo la solidità operativa del business ma anche il suo successo e la sua sostenibilità a lungo termine nel vibrante e competitivo mercato dell'e-commerce.

9. Servizio Clienti Eccellente • Creazione di un servizio clienti efficiente e risoluzione dei problemi.

La creazione di un servizio clienti efficiente e la capacità di risolvere i problemi rapidamente sono elementi fondamentali per garantire la soddisfazione e la fidelizzazione del cliente in qualsiasi attività commerciale, e questo vale ancora di più nel mondo del dropshipping. Il servizio clienti è spesso la faccia del tuo business per i clienti, e come tale, è essenziale che sia esemplare.

Punti Focali per un Servizio Clienti Eccellente nel Dropshipping

1. Ascolto Attivo e Empatia

- È fondamentale ascoltare i clienti, comprendere le loro esigenze e mostrare empatia nei loro confronti. L'ascolto attivo non solo aiuta a risolvere i problemi più efficacemente ma genera anche una connessione emotiva con il cliente.

2. Risposta Rapida

- La tempestività nelle risposte è cruciale. Un servizio clienti efficiente richiede strumenti tecnologici e processi ben organizzati per garantire che ogni richiesta venga gestita nel minor tempo possibile.

3. Soluzioni Proattive

- Prevedere le sfide e i problemi e offrire soluzioni prima che si verifichino è un modo efficace per elevare la qualità del servizio clienti. Un approccio proattivo può ridurre notevolmente il numero di reclami e aumentare la soddisfazione del cliente.

4. Politiche di Reso e Rimborsi Chiare

- Le politiche di reso e rimborso devono essere chiare, eque e facilmente accessibili. Il cliente dovrebbe sentirsi sicuro che, nel caso in cui qualcosa vada storto, il problema verrà risolto senza troppe complicazioni.

5. Utilizzo di Tecnologia

- L'uso di chatbot, CRM e altre tecnologie possono migliorare la velocità e l'efficacia del servizio clienti, assicurando che le richieste vengano gestite e catalogate in modo efficiente.

6. Formazione del Team

- Un team ben formato che conosce a fondo i prodotti, le politiche aziendali e le tecniche di servizio al cliente è essenziale. La formazione dovrebbe essere continua e adattarsi alle mutevoli esigenze del mercato e dei clienti.

7. Feedback e Adattabilità

- Raccogliere feedback e adattarsi di conseguenza è cruciale. La capacità di adattarsi e migliorarsi continuamente in base alle esigenze e alle esperienze dei clienti può portare a un servizio clienti veramente eccellente.

8. Trasparenza

- Essere trasparenti riguardo alle politiche, ai tempi di consegna e alle potenziali sfide mostra onestà e integrità, fattori che possono consolidare la fiducia dei clienti nel tuo business.

9. Creazione di Comunità

- Creare spazi in cui i clienti possono condividere le loro esperienze, fare domande e connettersi con il brand e altri clienti può potenziare il senso di comunità e appartenenza, alimentando la lealtà.

10. **Valore Aggiunto**

- Offrire valore aggiunto, che si tratti di contenuti utili, programmi di lealtà o offerte speciali, può rendere l'esperienza del cliente ancora più positiva e memorabile.
In definitiva, un servizio clienti eccellente nel dropshipping non è solo una questione di risolvere problemi, ma di costruire relazioni, instaurare fiducia e superare le aspettative. Questi fattori, quando sono implementati in modo efficace e autentico, possono fungere da pilastri portanti per un business di successo, solidificando la sua reputazione e facilitando la crescita sostenibile nel lungo termine.

Un aspetto di fondamentale importanza nella gestione del servizio clienti, specialmente nel contesto del dropshipping, riguarda la necessità di instaurare una comunicazione chiara e trasparente non solo con i clienti ma anche con i fornitori. Avere un dialogo aperto e onesto con i fornitori permette di anticipare e prevenire potenziali problemi relativi ai prodotti o alle spedizioni, assicurando che il cliente finale riceva informazioni accurate e tempestive.
Un altro elemento essenziale è la personalizzazione del servizio clienti. I clienti desiderano sentirsi valorizzati e riconosciuti, pertanto, personalizzare la comunicazione - ad

esempio utilizzando il nome del cliente o facendo riferimento a acquisti precedenti - può aumentare significativamente la soddisfazione del cliente.

L'implementazione di strategie di Customer Relationship Management (CRM) potenziato da soluzioni tecnologiche, come software avanzati, può permettere di tracciare e analizzare il comportamento e le preferenze degli acquirenti, garantendo un servizio personalizzato e offerte mirate.

Riguardo alla gestione delle lamentele e delle criticità, è fondamentale adottare un approccio basato sulla soluzione piuttosto che sulla difesa. Accettare le critiche e utilizzarle come veicolo per migliorare continuamente il servizio offerto è una chiave di volta per qualsiasi business che miri all'eccellenza.

Inoltre, la presenza su più canali di assistenza (multi-channel support) come e-mail, chat, social media, e telefono, garantisce al cliente la libertà di scegliere il mezzo con cui comunicare basato sulle proprie preferenze e necessità. Offrire supporto omnicanale è imperativo nell'era digitale, ma richiede una gestione e un monitoraggio attenti per evitare possibili incongruenze informative o ritardi nelle risposte. Nel contesto del dropshipping, è anche importante discutere la gestione delle recensioni online. Monitorare attivamente le recensioni sui vari canali e piattaforme, rispondendo sia a quelle positive che a quelle negative, è una parte fondamentale del servizio clienti. Una risposta professionale e costruttiva a una recensione negativa può non solo risolvere un problema con un cliente insoddisfatto, ma anche mostrare a potenziali clienti che l'azienda è impegnata a risolvere le problematiche e a fornire un servizio di qualità.

Infine, un punto che non deve essere trascurato è l'importanza di garantire la privacy e la sicurezza dei dati dei clienti. Adottare misure rigorose per proteggere le informazioni sensibili dei clienti non solo è fondamentale per la conformità normativa, ma rafforza anche la fiducia dei clienti nel fare affari con l'azienda.

La gestione di un servizio clienti eccellente, soprattutto nel dropshipping dove gli ordini e i prodotti passano attraverso vari canali e mani, richiede una strategia robusta, flessibile e centrata sul cliente, basata su comunicazione, tecnologia e una comprensione approfondita delle esigenze e delle aspettative del cliente. Creando un ambiente in cui i clienti si sentono ascoltati, valorizzati e apprezzati, un'azienda non solo costruirà relazioni durature ma favorirà anche il passaparola positivo e, di conseguenza, contribuirà alla crescita e al successo del business nel lungo termine.

La comprensione della demografia dei clienti e delle loro esigenze e aspettative specifiche rappresenta un altro tassello fondamentale nel puzzle del servizio clienti eccellente, specialmente in un modello di business come il dropshipping. Essendo esso un modello in cui l'impresa non detiene fisicamente la merce in un magazzino proprio, ma conta sui fornitori per spedire i prodotti direttamente ai clienti, emergono sfide uniche in termini di gestione delle aspettative dei clienti, tracking delle spedizioni, e gestione dei resi e dei rimborsi.
Per esempio, il concetto di trasparenza diventa fondamentale. La trasparenza nei confronti dei clienti, specialmente quando sorgono problemi come ritardi nelle spedizioni o articoli difettosi, è essenziale per mantenere la loro fiducia. Informare prontamente i clienti riguardo a qualsiasi problema e comunicare chiaramente le azioni che si stanno intraprendendo per risolverlo, può andare lungo modo nel preservare una buona relazione anche di fronte alle difficoltà.
Oltre a ciò, la creazione di una politica di resi e rimborsi chiara, equa e facilmente accessibile è

un altro pilastro del servizio clienti. Nel dropshipping, la politica di resi e rimborsi deve essere formulata tenendo conto dei termini e delle condizioni dei fornitori, e deve essere chiaramente comunicata ai clienti per prevenire fraintendimenti e per gestire le aspettative in modo proattivo.

È anche importante esplorare la dimensione del feedback clienti. Creare un meccanismo attraverso il quale i clienti possano condividere facilmente i loro feedback, sia positivi che negativi, e assicurarsi che questi siano analizzati e utilizzati per migliorare continuamente il servizio e l'offerta, è essenziale. Potrebbe essere utile anche implementare un sistema che premi i clienti per il loro feedback, incoraggiandoli a condividere le loro esperienze e suggerimenti.

Un ulteriore punto rilevante riguarda la formazione del team di servizio clienti. Un team ben formato, che comprende non solo i prodotti, ma anche le dinamiche del dropshipping, e che possiede abilità di problem solving e comunicazione eccellenti, è cruciale. La formazione dovrebbe essere continua e adattarsi alle mutate esigenze dei clienti e del mercato, assicurando che il team sia sempre attrezzato per offrire supporto di alta qualità.

Inoltre, la tecnologia giocando un ruolo chiave nel servizio clienti moderno, l'integrazione di intelligenza artificiale e chatbot per fornire risposte immediate alle domande più frequenti può migliorare notevolmente l'efficienza e la soddisfazione del cliente. Tuttavia, è vitale mantenere un equilibrio e assicurarsi che i clienti abbiano sempre l'opzione di parlare con un operatore umano per problemi più complessi o specifici.

Infine, mentre ci si concentra sulla risoluzione dei problemi e sul mantenimento di relazioni positive con i clienti, è anche vitale considerare il benessere del team di supporto al cliente. Mettere in atto pratiche che supportino il benessere del team, che può spesso trovarsi a gestire situazioni stressanti o clienti insoddisfatti, è fondamentale non solo per il singolo ma anche per assicurare un servizio clienti di alta qualità nel tempo.

Considerando tutti questi aspetti, il servizio clienti eccellente nel modello di dropshipping diventa un mosaico complesso di prassi strategiche, trasparenza, comunicazione efficace, politiche chiare, e l'utilizzo attento e ponderato della tecnologia, il tutto con l'obiettivo di creare un'esperienza cliente olistica, positiva e soddisfacente da ogni punto di vista.

Concettualizzando ulteriormente il servizio clienti eccellente, non possiamo escludere il ruolo della personalizzazione nell'interazione cliente. In un'era in cui le preferenze, i bisogni e le aspettative dei clienti diventano sempre più specifici e sfaccettati, un servizio clienti che è in grado di fornire risposte e soluzioni personalizzate può certamente elevare il livello di soddisfazione del cliente. Nel contesto del dropshipping, dove un'impresa potrebbe offrire una vasta gamma di prodotti provenienti da vari fornitori, comprendere e rispondere alle specifiche esigenze di ciascun cliente in modo univoco può offrire un vantaggio competitivo significativo.

Osservando l'integrazione della tecnologia nella personalizzazione, l'utilizzo del machine learning e dell'analisi dei dati può rendere più sofisticata l'interazione con il cliente. Analizzando i dati comportamentali dei clienti, le aziende possono anticipare le esigenze dei clienti e persino prevedere problemi futuri, posizionandosi in modo proattivo per risolverli. Per esempio, se attraverso l'analisi dei dati un'azienda identifica un certo modello di acquisti o interazioni, potrebbe pre-emptivamente offrire soluzioni o promozioni pertinenti a segmenti specifici di clienti, migliorando la loro esperienza e potenzialmente aumentando le vendite e la fedeltà del cliente.

L'inclusione del customer journey mapping
(mappatura del percorso del cliente) come
strumento strategico diventa anche pertinente in
questo contesto. Tracciando i vari touchpoints
del cliente con il business e comprendendo a
fondo come i clienti si muovono attraverso i
diversi stadi del funnel di acquisto, un'impresa
può identificare aree di forza e potenziali
debolezze nel servizio clienti. Questo può rivelare
opportunità di miglioramento o innovazione
nella gestione delle interazioni con i clienti e nel
processo di risoluzione dei problemi.

Un altro punto da considerare è l'importanza del
linguaggio e della comunicazione interculturale
nel servizio clienti, soprattutto se l'azienda di
dropshipping serve un mercato globale.
Comprendere le sfumature culturali, le
aspettative e le preferenze linguistiche dei clienti
provenienti da diverse geografie e sfondi culturali
può contribuire significativamente a migliorare la
percezione del servizio clienti. La formazione del
personale in competenze interculturali e
comunicative e l'eventuale utilizzo di intelligenza
artificiale per fornire supporto linguistico
possono arricchire l'esperienza del cliente,
facendolo sentire visto e valorizzato.

Inoltre, l'accessibilità del servizio clienti diventa
cruciale per garantire che tutte le interazioni
cliente siano inclusività e non discriminanti.

Assicurarsi che il servizio clienti sia raggiungibile e comprensibile per persone con varie abilità e necessità è non solo etico, ma anche benefico in termini di ampliamento della base di clienti potenziali. Questo potrebbe significare assicurarsi che i canali digitali di servizio clienti siano accessibili, che ci siano opzioni disponibili per diverse necessità di comunicazione e che il personale del servizio clienti sia formato per interagire con un'ampia varietà di clienti.

Il rapporto tra la sostenibilità del marchio e il servizio clienti è un altro tema che merita attenzione. I clienti moderni sono sempre più consapevoli e preoccupati per le questioni ambientali e sociali, e un'azienda che dimostra un impegno autentico verso la sostenibilità potrebbe non solo attrarre ma anche trattenere clienti attraverso un servizio clienti che evidenzia e comunica tali valori efficacemente.

Così, navigando tra il complesso mare del servizio clienti, specialmente nel contesto del dropshipping, l'equilibrio tra tecnologia, personalizzazione, comunicazione, accessibilità e sostenibilità emerge come una potente amalgama che può non solo risolvere i problemi dei clienti ma anche elevare la loro esperienza, contribuendo significativamente alla costruzione di relazioni solide e durature tra cliente e azienda, fondamentali per il successo e la crescita nel lungo termine.

Concludendo, il punto centrale nella creazione di un servizio clienti eccellente, specialmente nel contesto del dropshipping, innanzitutto giace nella comprensione profonda del cliente. La centralità del cliente e il suo percorso, dalle fasi iniziali di scoperta del prodotto fino al post-acquisto, devono essere osservati, analizzati e comprendenti per offrire un servizio che non solo risolva i problemi, ma superi le aspettative, creando un'impressione duratura e costruendo una lealtà che va ben oltre la transazione immediata.

È imprescindibile l'implementazione di un sistema che riesca a coniugare efficienza e empatia, fornendo risposte rapide e precise ma sempre mantenendo un tono umano e comprensivo. Ciò può essere ulteriormente ottimizzato sfruttando la tecnologia, utilizzando chatbot per risposte immediate a quesiti comuni, ma sempre lasciando spazio per l'interazione umana, soprattutto in caso di problemi complessi o reclami.

La personalizzazione emerge come un punto focale nel servizio clienti, cercando di anticipare le esigenze del cliente attraverso l'analisi dei dati e offrendo soluzioni e comunicazioni che siano il più pertinenti possibile al loro contesto e storia di acquisti. L'integrazione delle tecnologie, come il machine learning, diventa uno strumento potente in questo contesto, permettendo di scalare la personalizzazione in modo efficiente e pertinente.

Il servizio clienti deve poi essere inclusivo e accessibile, garantendo che ogni cliente, indipendentemente dalle proprie esigenze o abilità, possa ricevere supporto e assistenza. Questo coinvolge la creazione di piattaforme e canali di comunicazione che siano fruibili da tutti e che possano adattarsi alle varie necessità dei clienti.

Una nota sull'importanza del linguaggio e della comunicazione interculturale è essenziale, specialmente se l'impresa ha un mercato globale. La comprensione delle sfumature culturali e linguistiche, accompagnata da un team di servizio clienti preparato e sensibile a queste differenze, può far sentire il cliente compreso e valorizzato, creando un legame più forte con il brand.

Infine, il servizio clienti non può essere scollegato dai valori e dall'etica del brand. La trasparenza, l'autenticità e l'impegno verso temi come la sostenibilità o altre questioni sociali possono essere comunicati anche attraverso il servizio clienti, mostrando non solo che l'azienda si preoccupa dei suoi clienti, ma anche delle questioni più ampie che riguardano la società e il pianeta.

Quindi, in sintesi, un servizio clienti eccellente nel modello di business del dropshipping si materializza attraverso la sintesi di empatia, efficienza, personalizzazione, inclusività, sensibilità culturale e coerenza con i valori del brand, creando non solo una soluzione ai problemi immediati dei clienti ma costruendo un percorso verso una relazione cliente-brand duratura e reciprocamente vantaggiosa.

11. Pubblicità su Social Media • Utilizzo di Facebook, Instagram, e altre piattaforme.

Nel contesto del commercio elettronico e, più specificatamente, del dropshipping, la pubblicità sui social media diventa un elemento cardine per attrarre, coinvolgere e convertire clienti. Piattaforme come Facebook e Instagram, tra le altre, offrono una miriade di strumenti e strategie per raggiungere il pubblico target e guidarlo lungo il percorso del cliente. Iniziamo immergendoci in questo universo vasto e dettagliato.

Facebook ha una portata globale massiccia e offre una piattaforma pubblicitaria estremamente sofisticata che permette agli inserzionisti di targetizzare i loro annunci in modo estremamente specifico. È possibile definire l'audience in base a una serie di parametri come età, sesso, interessi, comportamenti d'acquisto e molto altro. La creazione di campagne pubblicitarie su Facebook implica una comprensione approfondita della piattaforma, ma anche una conoscenza delle dinamiche specifiche del pubblico a cui ci si rivolge. Utilizzando i Facebook Pixel, gli inserzionisti possono tracciare l'efficacia dei loro annunci e comprendere meglio il comportamento degli utenti sul loro sito web, ottimizzando di conseguenza le future campagne pubblicitarie.

Instagram, da parte sua, pone un'enfasi particolare sull'estetica e la creazione di brand. Essendo una piattaforma visiva, la creazione di contenuti ad alto impatto visivo, che siano in grado di catturare l'attenzione dell'utente e trasmettere il messaggio del brand in modo chiaro e convincente, è vitale. Instagram permette di utilizzare vari formati pubblicitari come Stories, Reels, IGTV e post nel feed, ciascuno con le proprie specificità e potenzialità. Utilizzare influencer o creatori di contenuto nella strategia pubblicitaria su Instagram può anch'esso essere un modo efficace per raggiungere nuove audience e costruire autenticità e fiducia intorno al brand.

D'altra parte, altre piattaforme come **LinkedIn, TikTok o Pinterest** possono avere un ruolo cruciale a seconda del target demografico e del tipo di prodotto che si sta vendendo. LinkedIn, ad esempio, tende ad essere più efficace per i prodotti B2B, mentre TikTok ha un'enorme popolarità tra le generazioni più giovani e si rivela particolarmente efficace per prodotti che beneficiano di dimostrazioni visive o tendenze virali.

Ciascuna di queste piattaforme richiede una strategia ben pensata e adattata alle proprie peculiarità e al proprio pubblico. Bisogna considerare non solo chi si vuole raggiungere, ma anche come la propria offerta può essere presentata in modo attraente e coinvolgente su ogni piattaforma specifica.

In termini di contenuto degli annunci, il copywriting avvincente, le immagini accattivanti e/o i video coinvolgenti sono essenziali per far risaltare il proprio annuncio tra la moltitudine di contenuti che gli utenti scorrono quotidianamente. Gli annunci devono essere progettati pensando mobile-first, considerando che una grande percentuale di utenti accede alle piattaforme di social media principalmente attraverso dispositivi mobili.

Una strategia di retargeting, attraverso cui gli annunci sono mostrati a utenti che hanno già

visitato il sito web o interagito con contenuti
precedenti, può anch'essa essere estremamente
efficace nell'aumentare le conversioni,
ricordando gentilmente agli utenti di completare
un acquisto o di considerare nuovamente un
prodotto.

In ultima analisi, mentre la pubblicità sui social
media offre opportunità straordinarie per il
targeting e la scalabilità, è anche un campo che
richiede sperimentazione, adattamento e
ottimizzazione continua. La valutazione delle
metriche, l'apprendimento dalle performance
passate e l'adattamento delle strategie in base a
questi apprendimenti saranno vitali per il
successo a lungo termine delle campagne
pubblicitarie sui social media nel mondo del
dropshipping.

Queste sono solo alcune delle molte sfaccettature
della pubblicità sui social media, un mondo in
costante evoluzione che continua a offrire nuove
opportunità e sfide per i marketer nel settore del
dropshipping.

Approfondendo ulteriormente il tema della
pubblicità sui social media nel contesto del
dropshipping, diventa fondamentale esplorare
anche le dinamiche di customer journey, l'analisi
delle metriche e l'integrazione di tecnologie di

automazione, aspetti che fungono da snodi cruciali nel tessuto della strategia pubblicitaria. Una strategia di **content marketing** su social media deve essere sapientemente intrecciata con le campagne pubblicitarie. Creare contenuti che offrano valore, che intrattengano o informino l'audience, non solo servirà a costruire un rapporto con i potenziali clienti ma anche a posizionare il brand come un punto di riferimento o una fonte autorevole nel proprio settore. E' dunque fondamentale pianificare un calendario editoriale che mescoli abilmente contenuti organici e sponsorizzati, al fine di nutrire costantemente l'interazione con la community e non limitarsi a interazioni meramente transazionali o promozionali.

Il **customer journey**, o percorso cliente, nei social media deve essere mappato e compreso in profondità. Ogni interazione, ogni punto di contatto con il brand, dall'esposizione iniziale a un annuncio fino al post-vendita, deve essere analizzato e ottimizzato. Per farlo, diventa essenziale implementare e monitorare accuratamente i pixel di tracciamento e utilizzare le informazioni raccolte per affinare costantemente la strategia e le campagne pubblicitarie.

L'**analisi delle metriche**, dunque, si pone come un pilastro. Ogni click, visualizzazione, condivisione o commento deve essere esplorato non solo in termini numerici, ma anche cercando di comprendere le dinamiche sottostanti. Perché un certo annuncio ha performato meglio di un altro? Cosa dice il CTR (Click Through Rate) sulla pertinenza dell'annuncio con l'audience target? Come si trasforma l'engagement in conversioni effettive? Rispondere a queste domande permetterà di sintonizzare la strategia sulla frequenza giusta per connettersi con l'audience desiderata.

Il ruolo delle **tecnologie di automazione** nel marketing sui social media non può essere sottovalutato. L'utilizzo di chatbot per la messaggistica istantanea, ad esempio, può facilitare una comunicazione tempestiva e sempre disponibile con i clienti e i potenziali clienti, guidandoli attraverso un percorso predeterminato che può risolvere dubbi, offrire informazioni o persino concludere una vendita. Allo stesso modo, l'automazione delle campagne, con settaggi predefiniti in relazione ai comportamenti degli utenti o alle conversioni raggiunte, permette di ottimizzare il budget pubblicitario, assicurandosi che ogni euro speso sia il più efficace possibile.

La **creatività** nella progettazione degli annunci
è un altro aspetto che merita un'attenta
riflessione. Ogni dettaglio, dal colore del pulsante
di chiamata all'azione alla scelta del font, può
influenzare le performance di un annuncio. A/B
testing, ovvero la creazione di diverse versioni di
un annuncio con variabili diverse (come
immagini, testo o CTA) per vedere quale
performa meglio, è una pratica consigliata per
comprendere appieno quali elementi grafici o
quali messaggi sono più efficaci con il pubblico
target.

Inoltre, la **gestione della reputazione** online e
la gestione delle recensioni, specialmente sulle
piattaforme social, diventano parte integrante
della strategia di brand. Monitorare, rispondere e
gestire feedback positivi e negativi da parte dei
clienti può influenzare significativamente la
percezione del brand da parte di potenziali nuovi
clienti e contribuire a costruire una reputazione
solida e affidabile nel tempo.

In fine, va ricordato che la sfera dei social media
è in continua evoluzione. Nuove piattaforme,
nuovi formati di annunci e nuove funzionalità
vengono regolarmente introdotte e, come tale, la
capacità di adattarsi rapidamente e di
sperimentare nuovi approcci può risultare un
vantaggio competitivo non trascurabile nella
saturata arena del dropshipping. La formazione

continua e l'aggiornamento sono, pertanto,
ingredienti indispensabili per chi desidera non
solo entrare, ma prosperare, nel vibrante e
dinamico mondo del commercio elettronico.

Prolungando ulteriormente il discorso sulla
pubblicità sui social media e il mondo del
dropshipping, è essenziale toccare anche temi
come il micro-targeting, l'interazione tra organic
reach e reach a pagamento, e il delicato
bilanciamento delle campagne di branding e
quelle dirette alla conversione.
Parlando di **micro-targeting**, ci si riferisce
all'arte e alla scienza di dividere l'ampio pubblico
di una campagna pubblicitaria in sottogruppi più
piccoli e specifici, basati su caratteristiche
distintive. Ad esempio, anziché rivolgere un
messaggio pubblicitario a tutti gli utenti di un
social media, il micro-targeting permette di
focalizzarsi su, per esempio, donne tra i 30 e i 40
anni, con interessi specifici nel fitness e nella
moda sostenibile, viventi in una determinata area
geografica. Questo tipo di precisione può essere
fondamentale per aumentare la rilevanza dei
messaggi pubblicitari e, di conseguenza, la loro
efficacia.

L'**organic reach** e il **reach a pagamento** (o paid reach) sono due facce della stessa medaglia nel contesto dei social media. L'organic reach si riferisce a quante persone possono essere raggiunte gratuitamente pubblicando contenuti sulla pagina del proprio brand. Al contrario, il reach a pagamento riguarda la visibilità acquistata attraverso la pubblicità a pagamento. Un efficace equilibrio tra queste due forme di raggiungimento del pubblico può non solo ottimizzare il budget pubblicitario ma anche costruire una solida base di follower e un'immagine autentica del brand.

Inoltre, è vitale il **bilanciamento tra campagne brand-oriented e campagne orientate alla conversione**. Le prime hanno l'obiettivo di costruire un'immagine di marca, di sviluppare la notorietà e la reputazione del brand nel lungo termine, mentre le seconde sono create per stimolare azioni immediate, come un acquisto o una iscrizione. Entrambe sono fondamentali per un business di successo ma seguono logiche e KPI (Key Performance Indicators) differenti. Mentre le campagne brand-oriented si misurano spesso in termini di impression, reach e engagement, quelle conversion-oriented puntano tutto su metriche come il costo per acquisizione (CPA) o il ritorno sull'investimento pubblicitario (ROAS).

Ancora, diventa cruciale comprendere l'importanza dei **contenuti generati dagli utenti** (UGC, User Generated Content). Questo tipo di contenuto, che può variare da immagini e video a recensioni e testimonianze, è generato spontaneamente dai clienti e può essere utilizzato come potente strumento di marketing. La social proof, ovvero la tendenza delle persone a seguire le azioni e le opinioni degli altri, è un fenomeno psicologico che può essere efficacemente sfruttato attraverso UGC, spesso percepito come più autentico e affidabile rispetto ai contenuti di marca.

Approfondire anche la **psicologia dei colori** e delle forme nella creazione degli annunci può offrire spunti interessanti. Ad esempio, il colore blu è spesso associato a sensazioni di fiducia e affidabilità, mentre il rosso può evocare urgenza o passione. Similmente, anche l'uso di forme arrotondate o angolari può comunicare, a livello inconscio, messaggi di accoglienza o di solidità e precisione.

Da non dimenticare anche la potenza del **video marketing**. Video emozionanti, tutorial, recensioni, dirette, e altri formati video sono sempre più centrali nelle strategie di marketing sui social media. Creare contenuti video che siano al contempo informativi e coinvolgenti può notevolmente aumentare la visibilità e l'engagement del brand.

In fine, parlando di **personalizzazione**, ogni messaggio e interazione con il cliente deve, per quanto possibile, essere personalizzata e pertinente. L'utilizzo di big data e intelligenza artificiale per analizzare il comportamento dell'utente e prevedere le sue esigenze può notevolmente aumentare l'efficacia della comunicazione e della strategia pubblicitaria nel suo complesso.

È evidente come il punto della pubblicità sui social media sia densissimo di variabili e strategie, tutte fondamentali per massimizzare l'efficacia delle campagne e del budget a disposizione. Il filo conduttore è sempre quello di costruire una solida e coerente immagine di marca, che risuoni autentica e affidabile agli occhi dei potenziali clienti, e saper comunicare il giusto messaggio, al giusto pubblico, nel momento giusto, attraverso il canale più adatto.

Esplorando ulteriormente il ricco universo della pubblicità sui social media, c'è molto da discutere anche riguardo a temi come **l'influencer marketing, l'analisi dei dati**, e **l'evoluzione delle piattaforme** nel contesto del marketing digitale e, in particolare, del dropshipping.

Iniziamo dal **marketing di influencer**, una strategia che sfrutta la popolarità e la credibilità di individui noti e seguiti (gli influencer, appunto) per promuovere prodotti o servizi. Nella logica del dropshipping, collaborare con influencer può offrire visibilità a prodotti specifici, mostrandoli in un contesto reale e accattivante, e potenzialmente raggiungendo segmenti di pubblico altrimenti difficili da intercettare. Ciò può riguardare non solo macro-influencer, con enormi seguiti, ma anche micro e nano-influencer, che pur avendo un pubblico più ristretto, spesso godono di un livello di engagement e una credibilità superiore.

Un altro tema fondamentale è l'**analisi dei dati e la metrica**. I social media offrono un vasto array di dati e metriche che, se utilizzati saggiamente, possono fornire preziose intuizioni sul comportamento e le preferenze del pubblico, permettendo di ottimizzare le campagne pubblicitarie. Ad esempio, l'analisi dei dati può rivelare quali tipi di contenuti generano maggiore engagement, quali gruppi demografici rispondono meglio ad alcune tipologie di annunci, o in quali orari è più efficace pubblicare. Ogni decisione, dalla scelta del formato dell'annuncio al target di pubblico, deve essere informata da un'attenta analisi dei dati disponibili.

Ora, pensando all'**evoluzione delle piattaforme**, diventa chiaro che il paesaggio dei social media è in continuo cambiamento. Nuove piattaforme emergono, le vecchie si adattano o scompaiono, e l'algoritmo stesso delle piattaforme esistenti cambia, influenzando radicalmente la visibilità e l'efficacia dei contenuti pubblicati. Ad esempio, la recente esplosione di TikTok ha aperto nuove frontiere per il marketing digitale, offrendo formati e audience diverse da esplorare. Rimane imperativo restare aggiornati sulle ultime tendenze e capire dove il pubblico target sta spostando la sua attenzione.

Un altro punto da considerare è il **compliance con le normative** pubblicitarie e di privacy dei dati. Con l'avvento del GDPR in Europa e di altre normative in vari paesi, è fondamentale che le campagne pubblicitarie siano non solo efficaci ma anche conformi alle leggi locali in termini di gestione e protezione dei dati degli utenti. Questo implica una scrupolosa pianificazione in termini di trasparenza, consenso dell'utente, e gestione delle informazioni.

Poi, bisogna guardare anche ai **Chatbots e all'automazione**. I chatbots sono diventati uno strumento fondamentale per gestire le interazioni con i clienti sui social media, offrendo risposte rapide a domande frequenti e facilitando l'interazione durante tutte le ore del giorno e della notte. La creazione di un chatbot efficace e "umano" può notevolmente migliorare l'esperienza del cliente e la percezione del servizio offerto.

Un'ulteriore riflessione può riguardare le **collaborazioni tra brand**. Creare collaborazioni con altri brand può arricchire l'offerta e creare campagne crociate che sfruttano gli audience e la visibilità di entrambe le entità. È una strategia che può risultare particolarmente efficace se i brand condividono un pubblico simile ma non sono in diretta concorrenza. Analizzare e discutere ulteriormente ciascuno di questi punti può sicuramente fornire ulteriori strumenti e conoscenze per navigare con successo nel complesso e sfaccettato mondo della pubblicità sui social media nel contesto del dropshipping. La costante in questo è sempre quella di rimanere flessibili, aggiornati, e pronti ad adattarsi alle nuove tendenze e tecnologie che continuano a emergere.

L'approfondimento sulla pubblicità sui social media in un'ottica di dropshipping ci porta a esplorare ulteriori angolazioni e concetti chiave, quali **l'incorporamento della realtà aumentata, la creazione di community,**

l'uso di annunci dinamici, e **l'integrazione con le piattaforme e-commerce**, tra gli altri. **La Realtà Aumentata (AR) nelle Campagne Pubblicitarie** è un settore in crescente evoluzione. Con l'introduzione di funzionalità AR in piattaforme come Instagram e Snapchat, le aziende possono ora creare esperienze immersive che permettono ai clienti di "provare" o visualizzare i prodotti in un ambiente virtuale. Nel contesto del dropshipping, ciò potrebbe implicare la creazione di esperienze AR che mostrano il prodotto in uso o che permettono ai clienti di visualizzare come un articolo potrebbe apparire nel loro spazio personale, aumentando potenzialmente la conversione attraverso un coinvolgimento e un'esperienza utente migliorati.

Il concetto di **Creazione di Community** attraverso i social media si basa sull'idea di non utilizzare le piattaforme unicamente come canali di vendita, ma anche come spazi per costruire e nutrire una community di clienti e fan del brand. Creare contenuti che incoraggiano la partecipazione, la condivisione e l'interazione può rafforzare il legame tra il brand e il cliente e migliorare la lealtà e la ritenzione del cliente nel tempo. Ad esempio, si potrebbero creare gruppi o forum esclusivi, eventi virtuali, o sessioni di Q&A

live che forniscono valore aggiunto e creano un senso di appartenenza tra i clienti e il marchio.

Il **focus sugli Annunci Dinamici** può trasformarsi in uno strumento potente per il targeting e la riconversione dei clienti. Gli annunci dinamici utilizzano le informazioni e i dati degli utenti per creare annunci personalizzati in tempo reale, mostrando prodotti o contenuti specifici in base al comportamento e alle preferenze dell'utente. Per i dropshipper, ciò può significare utilizzare annunci dinamici per mostrare ai clienti prodotti correlati a quelli che hanno già visualizzato o acquistato, o per riconvertire i clienti che hanno abbandonato il carrello prima di completare un acquisto.

L'Integrazione con le Piattaforme E-commerce, d'altra parte, è essenziale per assicurare che la strategia sui social media sia non solo coinvolgente ma anche conversionale. Collegare direttamente gli annunci e i prodotti presentati sui social media con la piattaforma di e-commerce, utilizzando funzioni come i tag dei prodotti su Instagram o i bottoni di acquisto su Facebook, può semplificare il percorso del cliente dall'esplorazione all'acquisto, riducendo i passaggi richiesti e potenzialmente aumentando le conversioni.

D'altro canto, il **Video Marketing** è un altro elemento che non può essere sottovalutato. Piattaforme come TikTok o le storie di Instagram e Facebook hanno reso il formato video sempre più prevalente e popolare tra gli utenti. Creare contenuti video che non solo presentino il prodotto, ma che raccontino una storia o che coinvolgano emotivamente il pubblico, può notevolmente aumentare la visibilità e l'attrattività di un prodotto o di un brand. E il video non significa solo contenuti altamente prodotti; anche i live stream o i contenuti generati dagli utenti possono essere estremamente efficaci.

C'è poi l'aspetto del **Marketing Omnicanale**, che va oltre la sola presenza sui social media e integra diverse piattaforme e punti di contatto con il cliente (come e-mail, app, sito web, ecc.) in una strategia coesa e unificata. Qui il focus è sulla creazione di un'esperienza cliente armoniosa e coerente attraverso tutti i canali, con i social media che giocano un ruolo chiave nell'ingaggiare il cliente e guidarlo attraverso i vari punti di contatto.

Tutti questi elementi e strategie possono essere ulteriormente sviscerati e adattati alle specifiche esigenze e al contesto di un business di dropshipping, garantendo un approccio olistico e multidimensionale al marketing sui social media.

L'ampio spettro di possibilità e la continua evoluzione del panorama digitale offrono un terreno fertile per esplorare nuove tattiche e approcci nel promuovere un'attività di dropshipping attraverso le piattaforme di social media. La chiave, come sempre, sta nell'essere continuamente curiosi, sperimentare nuove idee, analizzare i risultati e adattarsi di conseguenza.

In sintesi, navigare attraverso le complesse acque della pubblicità sui social media nel contesto del dropshipping rappresenta una sfida che abbraccia diversi aspetti: dalla tecnologia all'interazione umana, dal contenuto creativo all'analisi dei dati. Si tratta di comprendere non solo i meccanismi di base delle piattaforme di social media, ma anche di comprendere profondamente il proprio pubblico e di costruire strategie pubblicitarie che parlino direttamente ai bisogni, desideri e comportamenti degli utenti. La **pianificazione strategica** è essenziale per assicurare che la pubblicità sui social media sia non solo accattivante, ma anche efficace nel convertire l'attenzione in acquisti. Identificare chiaramente gli obiettivi, definire il pubblico target, e creare contenuti che siano sia visivamente attraenti sia emotivamente coinvolgenti, sono passaggi fondamentali per una campagna pubblicitaria di successo.

È altresì fondamentale implementare un'efficace **analisi delle performance e dei dati utente**. Utilizzare gli analytics forniti dalle piattaforme social e eventuali strumenti di terze parti per monitorare e valutare le prestazioni delle campagne pubblicitarie permetterà di ottenere una visione chiara di cosa funzioni e cosa no. Analizzare, ad esempio, quali post o quali tipi di contenuto generano più coinvolgimento o conversioni, permetterà di affinare ulteriormente le future strategie.

La **personalizzazione** delle campagne è un altro elemento chiave per massimizzare l'efficacia delle strategie sui social media. Non si tratta solo di targetizzare accuratamente le pubblicità, ma anche di personalizzare l'esperienza di acquisto e il percorso cliente attraverso l'uso di dati e machine learning per prevedere e rispondere in modo proattivo alle esigenze e ai comportamenti degli utenti.

L'autenticità e la trasparenza sono fondamentali per creare e mantenere la fiducia del cliente, specialmente in un modello di business come il dropshipping, dove la trasparenza riguardo tempi di spedizione più lunghi e una gestione dell'inventario virtuale può essere vitale per gestire le aspettative del cliente e assicurare la sua soddisfazione.

L'integrazione della **tecnologia AR** e la creazione di **esperienze immersive** può non solo elevare il coinvolgimento del cliente, ma anche offrire un valore aggiunto che distingue un brand nel mercato saturato dei social media, creando un punto di differenziazione e un vantaggio competitivo.

L'ingaggio della community e l'interazione diretta con i clienti tramite i social media non deve essere sottovalutato. Creare una presenza attiva e umana, rispondere in modo tempestivo e autentico ai commenti e alle domande, e utilizzare i feedback e le interazioni per migliorare continuamente l'offerta e il servizio al cliente, sono tutti aspetti che contribuiscono a costruire una solida reputazione e un legame duraturo con il cliente.

Infine, l'adattabilità è forse uno degli elementi più critici nel contesto della pubblicità sui social media, data la sua natura in continuo mutamento e evoluzione. Essere pronti a sperimentare nuove piattaforme, formati, e strategie, adattandosi alle tendenze emergenti e ai cambiamenti nel comportamento degli utenti, sarà fondamentale per mantenere la rilevanza e l'efficacia nel tempo. Includere queste considerazioni nella progettazione, implementazione e ottimizzazione delle strategie di pubblicità sui social media nel dropshipping può portare a una formula di successo che non solo attira ma anche converte, fidelizza e soddisfa i clienti in un mercato digitale sempre più competitivo e in evoluzione.

13. Analisi dei Dati e Ottimizzazione • Utilizzo di Google Analytics e altri strumenti.

Il punto 13, "Analisi dei Dati e Ottimizzazione", rappresenta un nodo cruciale nella strategia e nella gestione di un'impresa di e-commerce, soprattutto quando il modello di business si basa sul dropshipping. Comprendere e interpretare correttamente i dati di navigazione e di acquisto degli utenti permette non solo di migliorare l'usabilità e l'esperienza sul sito ma anche di ottimizzare le campagne di marketing e pubblicitarie, per rendere queste ultime più efficaci e redditizie.

A. Google Analytics

1. Monitoraggio del Traffico Google Analytics (GA) è una risorsa insostituibile per il monitoraggio del traffico. Con GA è possibile tracciare le fonti di traffico, per comprendere da dove provengono gli utenti: diretto, da motori di ricerca, da social network, da campagne a pagamento, ecc.

2. Comportamento dell'Utente Uno degli aspetti fondamentali che GA permette di esplorare è il comportamento dell'utente all'interno del sito: quali pagine visita, quanto tempo trascorre su ciascuna di esse, e quale percorso segue all'interno del sito (funnel).

3. Conversioni Google Analytics permette anche di tracciare le conversioni, offrendo così la possibilità di capire quali canali e quali pagine convertono di più, e di conseguenza, quali necessitano di ottimizzazioni per aumentare le vendite.

4. E-commerce Tracking Con specifiche funzionalità dedicate all'e-commerce, GA permette di monitorare in dettaglio le prestazioni dei prodotti: quali sono i più visti, i più venduti, i carrelli abbandonati, ecc.

B. Altri Strumenti di Analisi e Ottimizzazione

1. Hotjar Uno strumento che permette di visualizzare heatmaps del comportamento degli utenti sul sito, registrando clic, movimenti del mouse e scroll. Hotjar offre anche la possibilità di creare sondaggi e form per raccogliere feedback direttamente dagli utenti.

2. Facebook Pixel Il pixel di Facebook traccia le azioni degli utenti sul sito web, come le visualizzazioni di pagina e gli acquisti, permettendo di ottimizzare le campagne pubblicitarie sulla piattaforma di Facebook e Instagram.

3. SEMrush SEMrush offre una gamma di funzionalità per ottimizzare il SEO del sito web, con la possibilità di analizzare le parole chiave, tracciare la posizione nei motori di ricerca, e studiare i backlinks.

4. Ahrefs Simile a SEMrush, Ahrefs è particolarmente potente per l'analisi dei backlinks e l'esplorazione del profilo dei link dei concorrenti, offrendo spunti per migliorare la propria strategia SEO.

5. Klaviyo Uno strumento di email marketing che permette di creare campagne targetizzate e segmentate basate sui dati degli utenti e sui loro comportamenti, ottimizzando così le strategie di e-mail marketing.

C. Approccio Pratico all'Analisi e all'Ottimizzazione

1. Identificare e Agire Una volta raccolti e analizzati i dati, è fondamentale agire su di essi. Ad esempio, se un particolare prodotto ha un alto tasso di visualizzazione ma un basso tasso di conversione, potrebbe essere utile indagare i possibili motivi e implementare strategie per migliorare le conversioni.

2. Test A/B L'uso di test A/B, ovvero confrontare due versioni di una pagina o di un elemento per vedere quale performa meglio, è fondamentale per ottimizzare le conversioni.

3. Analisi Competitiva Esplorare e analizzare ciò che i concorrenti stanno facendo può offrire spunti preziosi per migliorare e/o differenziare la propria offerta e strategia.

4. Focus sul Cliente Tutti gli strumenti e i dati raccolti devono essere utilizzati con un focus centrale: il cliente. Comprendere le esigenze, i desideri e i comportamenti dei clienti è la chiave per creare un'esperienza utente soddisfacente e convertire gli utenti in clienti fidelizzati. Concludendo, l'analisi dei dati e l'ottimizzazione sono processi continui e dinamici che richiedono un impegno costante e un approccio metodologico e strategico, con lo scopo di migliorare continuamente le performance del sito e delle campagne di marketing, mantenendo sempre al centro l'utente e le sue esigenze.

La profondità della questione "Analisi dei Dati e Ottimizzazione" si estende ulteriormente quando si considerano variabili come il comportamento del consumatore, le tendenze del mercato e i cambiamenti nella tecnologia. Quando ci avventuriamo ulteriormente nell'universo dell'analisi dei dati, ci imbattiamo in una miriade di aspetti che richiedono una disamina sotto diversi prismi.

Comprendere il Ruolo delle Metriche KPI

Le Key Performance Indicators (KPI) sono metriche vitali che ci guidano attraverso il processo decisionale, facilitando il confronto tra obiettivi prestabiliti e risultati effettivi. Non solo le vendite, ma anche i dati riguardanti il tempo medio trascorso sul sito, il tasso di rimbalzo, e le pagine più visitate offrono spunti per calibrare le strategie digitali. Interpretare correttamente le KPI e agire su di esse è un processo che va oltre la semplice raccolta di dati, poiché necessita di una comprensione approfondita di come queste metriche si intrecciano con la strategia globale di business.

Creazione di Customer Persona

Le informazioni demografiche, geografiche, e psicografiche dei visitatori del sito possono essere ulteriormente analizzate per creare delle "customer persona", ovvero rappresentazioni semi-fittizie dei clienti ideali. Le customer persona aiutano a personalizzare e calibrare la comunicazione e le offerte, mettendo a fuoco gli aspetti più pertinenti per differenti segmenti di clientela.

Analisi Predictive

L'analisi predittiva sfrutta dati storici e algoritmi di machine learning per prevedere comportamenti e tendenze future. Ad esempio, attraverso l'analisi di pattern passati, potrebbe essere possibile prevedere quali prodotti avranno più successo in certi periodi dell'anno o identificare potenziali momenti di crisi o opportunità.

Personalizzazione dell'Esperienza Utente

L'analisi dei dati consente anche di personalizzare l'esperienza utente (UX) sul sito web. Utilizzando le informazioni raccolte su ogni visitatore o segmento di utenti, è possibile creare percorsi personalizzati, offerte speciali e comunicazioni mirate che risuonino in modo più incisivo.

Customer Journey Mapping

Una mappa del percorso cliente, o "Customer Journey Map", è una rappresentazione visuale di tutte le fasi attraversate da un cliente durante la sua interazione con l'azienda. Dal primo contatto (awareness) all'acquisto e oltre (fidelizzazione), questa mappa evidenzia i punti di contatto critici e può aiutare a identificare opportunità e sfide in ogni fase del funnel.

Analisi delle Recensioni e Feedback

Comprendere cosa i clienti pensano veramente del tuo servizio o prodotto può essere ottenuto esaminando recensioni e feedback. Utilizzare strumenti di analisi del sentiment e di text mining può svelare pattern e insight nascosti nei dati non strutturati, come le recensioni dei clienti.

Integrazione con CRM

Un'efficace piattaforma di Customer Relationship Management (CRM) che sia ben integrata con gli strumenti di analisi dati può far sì che gli insight ottenuti siano prontamente utilizzabili dalle squadre di vendita e marketing, permettendo di creare campagne targetizzate e di gestire le relazioni con i clienti in modo più efficace.

SEO e Analisi dei Dati

L'ottimizzazione per i motori di ricerca (SEO) può beneficiare enormemente dall'analisi dei dati, sfruttando informazioni sulle parole chiave più efficaci, le tendenze di ricerca e i comportamenti degli utenti per ottimizzare i contenuti del sito web.

Mobile Analytics

In un'epoca dominata dagli smartphone, l'analisi del comportamento degli utenti mobile è essenziale. Comprendere come gli utenti interagiscono con il tuo sito o app mobile può offrire preziosi spunti per ottimizzare l'UX/UI per il pubblico mobile.

Ecco che, quindi, l'analisi dei dati e l'ottimizzazione diventano un viaggio attraverso vari strati di comprensione e interpretazione, costituendo il cuore pulsante di una gestione efficace del business online. E mentre ci avventuriamo sempre più a fondo nell'era dei big data, nuovi strumenti e strategie continueranno a emergere, proponendo nuove sfide e opportunità per gli analisti e i marketer digitali.

L'ambito dell'analisi dei dati e ottimizzazione, con il suo fascino insito e la sua inesauribile profondità, costituisce una vera e propria arte nel mondo degli affari digitali. Oltre a ciò che è stato esplorato precedentemente, ci sono ulteriori sfaccettature e tecniche da considerare.

Riconoscimento di Pattern di Comportamento

Lo scrutinio dei dati permette di identificare pattern di comportamento che possono offrire preziosi insight riguardo alle abitudini, alle preferenze e ai trigger decisionali dei consumatori. Che sia uno specifico percorso utente all'interno del sito, un pattern di acquisto o l'interazione con specifiche comunicazioni di marketing, identificare e comprendere questi schemi può aiutare le imprese a progettare interventi più mirati e strategicamente validi.

Fattori Esterni e Analisi dei Dati

L'analisi dei dati non dovrebbe isolarsi esaminando esclusivamente le informazioni provenienti dalle interazioni dirette con i clienti o dal sito web. Fattori esterni come le tendenze di mercato, gli eventi mondiali, le stagioni e le festività, possono influenzare notevolmente il comportamento del consumatore e, quindi, i dati stessi. Integrare e correlare i dati interni con quelli esterni può portare a una comprensione più olistica delle dinamiche di mercato.

Analisi di Cluster

L'analisi di cluster consente di segmentare un grande insieme di dati in sottoinsiemi (cluster) in base a similitudini all'interno dei dati. Per esempio, potrebbe rivelare segmenti di clienti con comportamenti d'acquisto simili o preferenze prodotto comuni. Questa segmentazione può quindi essere utilizzata per creare campagne di marketing personalizzate o per sviluppare nuovi prodotti che meglio soddisfano le esigenze di particolari gruppi.

Test A/B e Analisi Multivariata

Il Test A/B, insieme all'analisi multivariata, offre uno sguardo all'efficacia delle differenti versioni di una pagina web, di una campagna e-mail o di altri elementi digitali. Analizzando quale versione genera migliori performance (che si tratti di clic, conversioni o un'altra metrica chiave), si possono apportare modifiche informate e basate sui dati per ottimizzare le future interazioni.

L'Etica nell'Uso dei Dati

In un'era in cui la privacy dei dati è al centro del dibattito pubblico, le aziende devono considerare seriamente l'etica nell'uso dei dati. Essere trasparenti su come i dati vengono utilizzati, garantire che siano protetti adeguatamente e assicurarsi che l'uso di tali dati sia in conformità con le leggi locali e internazionali (come il GDPR nell'Unione Europea) è fondamentale.

Visualizzazione dei Dati

Una comunicazione efficace degli insight raccolti è fondamentale per attuare cambiamenti strategici all'interno di un'organizzazione. La visualizzazione dei dati attraverso grafici, dashboard interattive e report permette di interpretare le informazioni in modo più intuitivo e può facilitare il processo decisionale a tutti i livelli aziendali.

L'Internet delle Cose (IoT) e Analisi dei Dati

Con l'IoT, gli oggetti sono dotati di sensori e connettività, permettendo una raccolta di dati su larga scala da svariati dispositivi. Considerando un frigorifero che monitora il suo contenuto, una macchina che registra i dati di guida, o un dispositivo wearable che traccia l'attività fisica, l'IoT apre nuove dimensioni nell'analisi dei dati, offrendo nuove opportunità ma anche presentando nuove sfide in termini di gestione e interpretazione dei dati.

Profiling e Scoring dei Clienti

Assegnare punteggi (scoring) ai clienti in base al loro valore o potenziale per l'azienda può guidare strategie di marketing e vendita. Identificare chi sono i clienti più preziosi o quelli a rischio di abbandonare il brand, può permettere di progettare interventi più efficaci e tempestivi. Ognuno di questi punti potrebbe essere esploso in ulteriori dettagli, fornendo un'analisi ancor più profonda e specifica. L'analisi dei dati non è solamente un compito tecnico, ma un percorso che naviga tra logica, strategia, comprensione del comportamento umano, e competenze tecnologiche.

In conclusione, l'analisi dei dati e l'ottimizzazione rappresentano un pilastro cruciale nel e-commerce e, più in generale, nelle strategie digitali di un'impresa. Dall'approfondimento delle tendenze comportamentali dei consumatori alla previsione delle future dinamiche di mercato, l'arte dell'analisi dei dati si pone come un connubio tra scienza e intuizione strategica. Nella pratica, ciò si traduce in una gestione sapiente e oculata dei dati disponibili, abbracciando un insieme eterogeneo di strumenti, tecnologie e metodologie che possono spaziare dal machine learning all'analisi predittiva, dall'analisi prescrittiva all'intelligenza artificiale, e oltre.
La coesione e la sinergia tra queste entità creano un ecosistema dove i dati non sono semplicemente numeri, ma voci informative che,

se ascoltate e interpretate con acume, guidano l'impresa verso scelte più ponderate e informate. In tal modo, ogni intervento, sia esso una campagna di marketing o un redesign del percorso cliente online, non è solo il frutto di una decisione istintiva, ma è sostenuto e validato da dati concreti.
Per ottimizzare il tutto, la scelta degli strumenti analitici, come Google Analytics, è fondamentale per dare forma e sostanza ai dati grezzi, trasformandoli in insight applicabili e strategici. L'integrazione di questi strumenti analitici con altre tecnologie, come CRM e piattaforme di marketing automation, ulteriormente potenzia la capacità dell'impresa di agire in modo proattivo e reattivo di fronte ai mutamenti del mercato e del comportamento dei consumatori.
L'uso etico dei dati e il rispetto della privacy sono imprescindibili, costituendo non solo un obbligo legale, ma anche un elemento chiave per costruire e mantenere la fiducia del cliente. Questa etica si estende a tutte le fasi del processo analitico, dalla raccolta dei dati alla loro conservazione, condivisione e utilizzo.
Infine, l'abilità nell'arte dell'analisi dei dati non si esaurisce nella mera collezione e interpretazione delle informazioni, ma permea profondamente nella capacità di tradurre tali dati in azioni, nella creazione di una storia convincente che

giustifichi e indirizzi le strategie e nelle decisioni
aziendali, e nell'abilità di visualizzare e
comunicare questi dati in modo che possano
essere compresi e utilizzati efficacemente
attraverso tutti i livelli dell'organizzazione.
L'analisi dei dati e l'ottimizzazione, quindi,
emergono non solo come competenze tecniche,
ma come una filosofia che integra la tecnologia,
la strategia, e un profondo rispetto per il cliente,
conducendo l'impresa attraverso un percorso
informato verso il successo e la sostenibilità nel
dinamico mondo digitale.

14. Gestione delle Spedizioni • Organizzazione e
tracciamento delle spedizioni.

La gestione delle spedizioni è un elemento chiave
nell'ambito del commercio elettronico e
rappresenta spesso una delle variabili che può
determinare il successo o il fallimento di
un'impresa online. Ciò è particolarmente vero
nell'era attuale, dove le aspettative dei
consumatori riguardo ai tempi di consegna sono
sempre più elevate, e la capacità di offrire opzioni
di spedizione rapide e affidabili può significare la
differenza tra mantenere un cliente e perderlo.
Quando parliamo di gestione delle spedizioni, ci
stiamo riferendo a un insieme di attività che
comprendono l'organizzazione, il monitoraggio e,

in alcuni casi, l'esecuzione delle spedizioni dei prodotti ai clienti. Questa area si intreccia strettamente con la logistica e richiede una pianificazione accurata per assicurare che i prodotti non solo raggiungano il cliente nel minor tempo possibile, ma anche che l'intero processo sia il più efficiente e meno costoso possibile.

Uno dei primi aspetti da considerare nella gestione delle spedizioni è la selezione del corriere o del partner logistico. Questa scelta potrebbe essere influenzata da vari fattori, tra cui il tipo di prodotti che si vendono (dimensioni, peso, ecc.), i mercati di destinazione (nazionali, internazionali), i costi, e la reputazione e l'affidabilità del corriere stesso.

Allo stesso tempo, è essenziale considerare le opzioni di tracciamento delle spedizioni. I clienti, oggi più che mai, desiderano essere informati circa lo status della loro spedizione e prevedono di poter tracciare il proprio ordine dall'inizio alla fine. Pertanto, l'integrazione di un sistema di tracciamento, che permetta ai clienti di visualizzare in tempo reale dove si trova il loro pacco, è vitale.

L'organizzazione delle spedizioni coinvolge anche la gestione di aspetti quali l'imballaggio dei prodotti, la definizione di politiche relative alle spese di spedizione (ad esempio, se offrire la spedizione gratuita e in quali condizioni), e la gestione delle resi. È essenziale assicurarsi che i prodotti siano imballati in modo sicuro per minimizzare il rischio di danni durante il trasporto e che le politiche relative alle spedizioni e ai resi siano chiare e facilmente accessibili per i clienti.

Anche la sostenibilità sta diventando un elemento sempre più rilevante nella scelta della strategia di spedizione. Considerazioni riguardanti l'uso di materiali di imballaggio eco-sostenibili, o la scelta di partner logistici che utilizzano mezzi di trasporto a basso impatto ambientale, possono non solo ridurre l'impronta ecologica dell'impresa, ma anche migliorare la percezione del brand da parte dei clienti.

In sintesi, una gestione efficace delle spedizioni richiede un'attenta considerazione e bilanciamento di diversi fattori, tra cui costi, efficienza, aspettative dei clienti e sostenibilità. Un'approccio olistico e centrato sul cliente, che consideri tutte queste variabili, è essenziale per costruire un sistema di spedizioni che non solo soddisfi le esigenze operative dell'impresa, ma anche quelle dei clienti e, più in generale, dell'ambiente.

In parallelo a quanto discusso in precedenza, la gestione delle spedizioni deve affrontare alcune

sfide chiave, tra cui la gestione delle spedizioni
internazionali e la conformità con le normative e
le tariffe doganali. Per esempio, le spedizioni che
attraversano confini internazionali dovranno
soddisfare specifici requisiti doganali e legali, che
variano significativamente da un paese all'altro e
che spesso richiedono una comprensione
dettagliata delle normative locali. Documenti
come la fattura commerciale, la lista dei colli, e
altri necessari per il despacho doganale, devono
essere accuratamente preparati per evitare ritardi
nelle consegne e possibili penalità.

La gestione delle aspettative dei clienti è un altro
elemento vitale nel panorama delle spedizioni. La
chiarezza nelle informazioni fornite, quali tempi
di consegna stimati e costi di spedizione, nonché
una comunicazione proattiva in caso di ritardi o
problemi, sono fondamentali per mantenere
un'alta soddisfazione del cliente e costruire
fiducia. In quest'ottica, l'automazione dei
processi e l'integrazione di tecnologie in grado di
fornire notifiche e aggiornamenti in tempo reale
ai clienti, riguardo allo stato delle loro spedizioni,
rappresentano un considerevole valore aggiunto.

L'efficienza della gestione delle spedizioni è
anche strettamente collegata alla gestione
dell'inventario e delle scorte. Avere una visione
chiara e aggiornata del proprio inventario, sapere
quali articoli sono disponibili e in quali quantità,

permette non solo di garantire la precisione delle informazioni fornite ai clienti ma anche di ottimizzare i tempi di preparazione e spedizione degli ordini. Un sistema di gestione dell'inventario (IMS) integrato con la piattaforma di e-commerce e il sistema di gestione degli ordini (OMS) può contribuire significativamente a migliorare l'efficienza di questi processi.

Non meno importante è la gestione dei resi, che rappresenta spesso una sfida per gli operatori di e-commerce. La capacità di gestire i resi in modo efficiente e a favore del cliente, ad esempio offrendo etichette di reso prepagate o punti di ritiro locali, può non solo aumentare la soddisfazione del cliente ma anche contribuire a fidelizzarlo a lungo termine.

Infine, una dimensione spesso sottovalutata della gestione delle spedizioni riguarda la capacità di adattarsi e rispondere alle tendenze del mercato e ai cambiamenti nei comportamenti dei consumatori. Ad esempio, l'ascesa della "fast shipping" (consegna veloce), ha spostato significativamente le aspettative dei clienti in termini di tempi di consegna, rendendo pertanto essenziale l'adozione di strategie di spedizione che possano soddisfare questa crescente domanda, senza però compromettere la sostenibilità finanziaria e operativa dell'impresa.

Ogni dettaglio, dalla scelta del materiale di imballaggio, alla selezione dei partner di spedizione, alla gestione delle comunicazioni con il cliente, svolge un ruolo cruciale nel determinare l'efficacia e l'efficienza del sistema di gestione delle spedizioni e, di conseguenza, nel garantire un'esperienza cliente positiva e la successiva fidelizzazione. Con una strategia ben pianificata e un'attuazione dettagliata, la gestione delle spedizioni può diventare un vero e proprio vantaggio competitivo nell'ecosistema e-commerce.

In sintesi, la gestione delle spedizioni in un'attività di e-commerce è di vitale importanza, implicando una serie di processi e strategie che vanno ben oltre la semplice consegna di un prodotto da un punto A a un punto B. Questa fase richiede un'attenzione particolare alla customer experience, mantenendo la qualità e l'affidabilità come fulcri centrali dell'intero processo.
Uno degli aspetti chiave nella conclusione di questa tematica sta nell'integrazione delle varie funzioni e operazioni di spedizione all'interno della strategia complessiva dell'impresa. L'adozione di sistemi informativi avanzati, in grado di integrare e coordinare le informazioni relative alle spedizioni, agli ordini, e alle scorte,

rappresenta un elemento cruciale per assicurare un servizio rapido e affidabile al cliente. La tecnologia diventa, quindi, un alleato fondamentale, facilitando la tracciabilità e la gestione dei pacchi, e migliorando, al contempo, l'efficienza operativa interna.

Parallelamente, le strategie di gestione delle spedizioni devono necessariamente contemplare una pianificazione accurata e a lungo termine, che tenga conto non solo delle esigenze attuali dell'azienda e dei clienti ma anche delle tendenze future del mercato e delle potenziali aree di miglioramento o di espansione del servizio. Questo potrebbe implicare l'esplorazione di nuovi mercati geografici, l'adozione di nuove modalità di consegna, o l'introduzione di servizi aggiuntivi a valore aggiunto, come la consegna programmata o la possibilità di effettuare resi in modo semplice e senza costi aggiuntivi per il cliente.

La sostenibilità e la responsabilità ambientale rappresentano, inoltre, temi sempre più centrali nel contesto delle spedizioni. Pertanto, una strategia di gestione delle spedizioni oculata potrebbe prevedere l'adozione di soluzioni a impatto ridotto, come l'utilizzo di materiali di imballaggio ecocompatibili o la scelta di partner logistici che adottano politiche e prassi sostenibili.

Una nota rilevante va infine riservata all'importanza di una comunicazione efficace e trasparente con il cliente, non solo in termini di aggiornamenti relativi allo stato della spedizione, ma anche in caso di eventuali problemi o ritardi. Un servizio clienti efficiente e reattivo, in grado di gestire prontamente reclami e problemi, rappresenta un fattore chiave per la costruzione di relazioni solide e durature con la clientela, contribuendo a forgiare una reputazione positiva nel tempo e a garantire, pertanto, la sostenibilità a lungo termine dell'attività imprenditoriale.

In ultima analisi, la gestione delle spedizioni è una componente fondamentale del successo nel e-commerce, incarnando un vero e proprio punto di contatto fisico tra l'impresa e il cliente e rappresentando, di conseguenza, una delle ultime impressioni – spesso indelebili – che l'azienda ha l'opportunità di lasciare. Una strategia ben congegnata e attuata in maniera efficace in questo ambito può, quindi, tradursi in un significativo vantaggio competitivo e in una maggiore fidelizzazione della clientela, propellendo l'azienda verso ulteriori vette di successo e stabilità nel mercato digitale.

15. Gestione dei Resi • Politiche e procedure per i resi.

La gestione dei resi è un aspetto fondamentale nel contesto del commercio elettronico e, in generale, in qualsiasi tipo di attività commerciale. Una politica dei resi chiara e semplificata può contribuire non solo a costruire fiducia e lealtà tra i clienti, ma anche a ridurre le probabilità di insoddisfazione e a mantenere una reputazione positiva nel mercato.

Elementi fondamentali nella gestione dei resi:

1. **Politiche chiare e facilmente accessibili:**
   - Garantire che le politiche dei resi siano facilmente visibili e comprensibili per il cliente fin dalla fase di acquisto.
   - Evitare l'utilizzo di terminologia tecnica o giuridica, puntando invece su un linguaggio semplice e diretto.

2. **Facilità di restituzione:**
   - Fornire istruzioni chiare e semplici su come effettuare un reso, assicurando che il processo sia il più snello e privo di ostacoli possibile.
   - Offrire diverse opzioni per la restituzione del prodotto, come il ritiro a domicilio o la possibilità di lasciare l'articolo in un punto fisico.

3. **Comunicazione efficace:**
   - Mantenere i clienti aggiornati durante ogni fase del processo di reso e rimborsare, ad esempio inviando e-mail o notifiche riguardo allo stato dell'operazione.
   - Assicurarsi che il servizio clienti sia facilmente raggiungibile e disponibile a fornire assistenza durante tutto il processo di reso.
4. **Opzioni di rimborso:**
   - Offrire diverse modalità di rimborso, tra cui riaccredito su carta di credito, trasferimento bancario, o credito nel negozio online.
   - Assicurarsi che i tempi di rimborso siano chiari e quanto più brevi possibile.
5. **Feedback dal cliente:**
   - Implementare sistemi per raccogliere feedback relativi ai resi, in modo da comprendere le ragioni che stanno dietro a questa scelta e migliorare ulteriormente prodotti e servizi.
   - Utilizzare i dati raccolti per analizzare e implementare migliorie nei prodotti o nei processi interni.
6. **Tecnologia e automazione:**
   - Adottare strumenti e piattaforme tecnologiche in grado di semplificare e

automatizzare quanto più possibile il processo di gestione dei resi.

- Implementare sistemi che permettano una facile tracciabilità dei prodotti restituiti e che garantiscano l'efficiente gestione dei rimborsi.

7. **Analisi dei dati:**

- Utilizzare dati e analytics per monitorare e analizzare le prestazioni relative ai resi, individuando modelli, trend e possibili aree di intervento.
- Prendere in considerazione i dati rilevanti per apportare migliorie proattive e preventive.

8. **Aspetti legali e normativi:**

- Assicurarsi che le politiche e le procedure di reso siano conformi alla legislazione locale e internazionale relativa ai diritti dei consumatori.
- Mantenere le politiche aggiornate in relazione a eventuali cambiamenti legislativi o normativi.

Includendo questi elementi chiave, la gestione dei resi può trasformarsi da un possibile punto di dolore per l'azienda e il cliente, in un'opportunità per rafforzare la relazione con il consumatore e costruire una solida reputazione di affidabilità e trasparenza nel mercato. Un processo di reso ben gestito può, infatti, generare fiducia e favorire la

lealtà del cliente, incentivando ulteriori acquisti
futuri e, in ultima analisi, contribuendo al
successo e alla sostenibilità a lungo termine
dell'attività imprenditoriale.

La gestione dei resi è senza dubbio uno dei
cardini che sostiene l'intera struttura del servizio
clienti in un'azienda, soprattutto nell'ambito
dell'e-commerce. In aggiunta agli elementi
fondamentali descritti precedentemente, è
interessante approfondire alcune sfumature e
strategie ulteriori che potrebbero essere
implementate per perfezionare questo processo
critico.

Sostenibilità e responsabilità ambientale:

9. **Riduzione dell'impatto ambientale:**
   - Considerare l'impatto ecologico delle
     procedure di reso, adottando strategie che
     minimizzino l'inquinamento derivante dal
     trasporto e l'imballaggio.
   - Riflettere su come gestire i prodotti
     restituiti in maniera ecologicamente
     responsabile, per esempio, ridistribuendo i
     prodotti in buono stato o riciclando i
     materiali quando possibile.

Personalizzazione e relazione con il cliente:

10. **Strategie personalizzate:**
    - Riflettere su come utilizzare le informazioni raccolte durante il processo di reso per offrire esperienze personalizzate in futuro, ad esempio, consigliando prodotti alternativi o versioni migliorate.
    - Costruire campagne di marketing e offerte personalizzate basate sui feedback e sulle esperienze di reso dei clienti.

Educazione e supporto continuo:

11. **Informare e guidare il cliente:**
    - Creare contenuti informativi che guidino il cliente nel processo di reso, come FAQ, video tutorial o guide dettagliate.
    - Mettere a disposizione un team di supporto pronto ad assistere il cliente attraverso canali diversificati come chat online, e-mail o telefono.

Tecnologia e Innovazione:

12. **Implementare soluzioni tech innovative:**
    - Esplorare soluzioni tecnologiche, come chatbot e IA, che possano facilitare il processo di reso attraverso la guida automatica e la gestione delle richieste dei clienti.

- Esplorare l'utilizzo di tecnologie come la blockchain per garantire tracciabilità e trasparenza nei processi di reso e rimborsi.

Gestione del magazzino e logistica inversa:

13. **Logistica e gestione dei resi:**
    - Concentrarsi su un'efficace strategia di logistica inversa, assicurando che i prodotti restituiti siano gestiti in modo efficiente una volta che tornano in magazzino.
    - Implementare un sistema di gestione dell'inventario che tenga traccia accurata dei prodotti restituiti e faciliti il loro riutilizzo o smaltimento.

Analisi e miglioramento continuo:

14. **KPI e monitoraggio delle prestazioni:**
    - Stabilire chiari KPI (Key Performance Indicators) legati al processo di reso e monitorarli costantemente per valutare l'efficienza delle politiche adottate.
    - Organizzare sessioni regolari di revisione e miglioramento delle procedure di reso, basandosi sui dati raccolti e sui feedback dei clienti.

L'integrazione di questi ulteriori aspetti potrebbe offrire una prospettiva ancora più ampia e un'ottica più olistica della gestione dei resi. Ogni punto rappresenta non solo una fase o un'azione all'interno di un processo, ma un'opportunità per rafforzare il legame con il cliente, costruire un brand solido e contribuire alla crescita sostenibile dell'impresa. La chiave risiede nel percepire ogni reso non come una perdita, ma come un'occasione per apprendere, migliorare e consolidare la relazione con la clientela, andando oltre la mera transazione commerciale e costruendo un rapporto basato su fiducia, trasparenza e rispetto reciproco.

In conclusione, la gestione dei resi in un'azienda e-commerce non rappresenta soltanto un processo operativo, ma un'opportunità tangibile per migliorare la percezione del brand da parte dei clienti e per ottimizzare la propria offerta e operatività. Ogni passaggio descritto nelle precedenti sezioni, dall'implementazione di politiche chiare e trasparenti, passando per l'attenzione alla sostenibilità e l'uso intelligente della tecnologia, sino all'analisi dettagliata dei dati e al costante miglioramento, è un mattoncino che contribuisce a costruire una struttura solida e orientata al futuro dell'azienda.

- **Fidelizzazione del Cliente**: La gestione oculata dei resi è spesso un punto di contatto significativo tra il cliente e l'azienda. Un processo di reso semplice, chiaro e senza attriti non solo riduce le perdite derivanti dalle restituzioni ma trasforma un'esperienza potenzialmente negativa in un'opportunità per accrescere la fiducia e la lealtà del cliente.

- **Sostenibilità e Etica**: Oltre che un dovere ambientale e sociale, una politica di resi attenta all'impatto ecologico e al riuso dei materiali può essere percepita molto positivamente dai clienti, sempre più attenti alle tematiche di sostenibilità, e dunque diventare un valore aggiunto per il brand.

- **Innovazione e Efficienza**: L'implementazione di tecnologie avanzate e l'adozione di soluzioni innovative non solo ottimizzano i processi interni, rendendoli più snelli ed efficienti, ma possono anche migliorare l'esperienza del cliente, rendendola più fluida e soddisfacente.

- **Analisi e Proattività**: L'analisi dei dati relativi ai resi, ed il feedback diretto dei clienti, diventa vitale per comprendere le aree di miglioramento del proprio e-commerce, sia in termini di offerta prodotti che di usabilità e servizio clienti. Prevenire le cause dei resi attraverso miglioramenti proattivi può significare ridurne la frequenza futura.

- **Logistica e Gestione Magazzino**: Un'accurata e meticolosa gestione del magazzino e delle procedure logistiche permette non solo di ridurre i costi operativi, ma anche di gestire in modo più efficace l'inventario e di ridurre gli sprechi, massimizzando di conseguenza la redditività dell'azienda.

Ogni aspetto deve essere attentamente ponderato, dal primo contatto con il cliente fino alla conclusione del processo di reso, assicurando che ogni passaggio sia caratterizzato da chiarezza, efficienza, e coerenza con i valori e gli obiettivi dell'azienda. La transizione tra ciascuna fase deve essere fluida e ogni elemento - dal servizio clienti, al sito web, agli strumenti di tracciamento dei resi - deve essere coerente e allineato con le aspettative del cliente e con gli obiettivi a lungo termine dell'azienda. Un'implementazione meticolosa e consapevole di strategie di gestione dei resi non solo mitiga le potenziali perdite finanziarie dirette ma funge da potente leva per costruire un rapporto solido e duraturo con la clientela, stabilendo un circolo virtuoso che porterà benefici sia a breve che a lungo termine per l'azienda. La gestione dei resi, quindi, non è un mero processo operativo, ma un elemento strategico che, se gestito con attenzione e prospettiva, può tradursi in un vantaggio competitivo sostanziale nell'ambito dell'e-commerce.

16. Aspetti Legali e Fiscali • Comprensione delle leggi e delle tasse applicabili.

Quando parliamo degli aspetti legali e fiscali nel contesto di un negozio online o di un'attività e-commerce, stiamo navigando in un mare che può sembrare complesso, ma che è assolutamente fondamentale comprendere e gestire con estrema attenzione e precisione. Questo perché il non rispetto delle normative vigenti può portare a serie conseguenze legali e finanziarie che potrebbero compromettere l'intera attività imprenditoriale.

1. Adempimenti Legali

- **Protezione dei dati del cliente**: Le leggi sulla protezione dei dati, come il GDPR nell'Unione Europea, sono estremamente stringenti e richiedono che le aziende proteggano i dati dei clienti e ne informino chiaramente l'uso. I sistemi devono essere progettati per proteggere le informazioni sensibili, e l'azienda deve avere politiche chiare su come i dati vengono utilizzati e condivisi.

- **Termini e Condizioni**: La chiarezza nella definizione dei termini e delle condizioni di vendita, inclusi i termini di spedizione, reso, e garanzia, è essenziale per stabilire un rapporto chiaro e trasparente con il cliente e per proteggere l'azienda da potenziali dispute legali.

- **Diritto del Consumo**: Conoscere e comprendere il diritto del consumatore del paese in cui si opera è vitale. Ciò include il diritto di recesso, le politiche di garanzia e di reso, e tutte le informazioni che devono essere fornite al consumatore prima dell'acquisto.

2. Aspetti Fiscali

- **IVA e Tassazione**: L'IVA e le altre tasse applicabili devono essere gestite e riportate correttamente. Per le aziende che vendono a clienti internazionali, la gestione dell'IVA nei diversi paesi può diventare complessa e potrebbe essere necessario registrarsi per l'IVA in quei paesi in cui si supera una certa soglia di vendite.

- **Dichiarazioni Fiscali**: È essenziale essere precisi e puntuali nel presentare le proprie dichiarazioni fiscali, comprendendo e rispettando tutte le scadenze e assicurandosi che tutti i dati finanziari siano accurati e veritieri.

- **Registrazione dell'Azienda**: La forma giuridica con cui si decide di operare (ad es. SRL, SAS, impresa individuale, ecc.) influenzerà non solo la gestione amministrativa e fiscale, ma anche la responsabilità legale dell'imprenditore.

3. Commercio Internazionale

- **Doganale**: Quando si vendono prodotti a clienti internazionali, è necessario comprendere e adempiere a tutte le normative doganali, incluso il corretto utilizzo dei codici HS per classificare i prodotti e calcolare correttamente dazi e tasse.

- **Normative Locali**: È anche importante avere un'adeguata conoscenza delle leggi e delle normative locali dei paesi in cui si intende vendere i propri prodotti, assicurandosi che questi rispettino tutti gli standard e le regolamentazioni dei mercati target.

4. Diritti di Proprietà Intellettuale

- **Protezione del Marchio e Brevetti**: Garantire che il proprio marchio e i propri prodotti siano legalmente protetti, attraverso il deposito di marchi e brevetti, è fondamentale per prevenire copie o utilizzi non autorizzati.

5. Sicurezza Online

- **Sicurezza del Sito Web**: Dal punto di vista legale, è fondamentale garantire che il proprio sito web sia sicuro e che tutte le transazioni siano criptate per proteggere i dati finanziari dei clienti.

Gli aspetti legali e fiscali di un e-commerce non sono affatto secondari e rappresentano un pilastro sulla cui solidità verrà costruita tutta l'impresa. Un'attenta pianificazione, una conoscenza approfondita delle normative vigenti e un'adeguata protezione legale e fiscale sono elementi imprescindibili per operare con serenità e successo nel mondo dell'e-commerce.

17. Scalabilità del Business • Come far crescere il tuo business.

La scalabilità è una caratteristica fondamentale per qualsiasi business, specialmente nell'e-commerce, che deve essere progettato per poter gestire un aumento di volume nelle vendite, clienti e dati senza che ciò comprometta le performance o l'esperienza utente. Ecco alcuni approfondimenti su come si potrebbe gestire la scalabilità di un business online:

1. Infrastruttura Tecnologica

- **Piattaforma E-commerce**: Scegliere una piattaforma e-commerce che sia in grado di supportare la crescita desiderata è cruciale. Alcune piattaforme, come Shopify, Magento o WooCommerce, sono progettate per essere altamente scalabili.

- **Hosting e Bandwidth**: Investire in un hosting affidabile e prevedere la necessità di bandwidth aggiuntivo man mano che il traffico al sito cresce è fondamentale per mantenere il sito funzionante e veloce.

2. Gestione delle Scorte

- **Automazione**: L'automazione della gestione delle scorte, tramite software di gestione dell'inventario o integrazioni con i fornitori, può ridurre notevolmente il rischio di errori e migliorare l'efficienza operativa.

- **Dropshipping**: Il modello di business del dropshipping, dove il venditore non detiene fisicamente la merce, può essere una strategia scalabile per estendere l'offerta prodotti senza un massiccio investimento in inventario.

3. Logistica e Spedizioni

- **Outsourcing**: Affidare la logistica e le spedizioni a terzi (3PL - Third-Party Logistics) può essere una soluzione per scalare le operazioni senza dover gestire direttamente magazzini e personale dedicato.

4. Customer Service

- **Supporto Automatizzato**: Utilizzo di chatbot e FAQ interattive per gestire le richieste dei clienti più comuni e ridurre la pressione sul personale del servizio clienti.

- **Team Multilingua**: Mentre il business cresce, potrebbe essere necessario implementare un team di supporto clienti multilingua per assistere i clienti internazionali.

5. Marketing e Acquisizione Clienti

- **Marketing Automation**: Implementare strumenti di marketing automation per gestire campagne email, segmentazione clienti e personalizzazione su larga scala.

- **SEO Internazionale**: Ottimizzare il sito per la SEO in più lingue e paesi per attrarre un pubblico internazionale.

6. Finanza e Amministrazione

- **Gestione Finanziaria**: Strumenti di gestione finanziaria e software ERP (Enterprise Resource Planning) possono aiutare a tenere sotto controllo flussi di cassa, fatturazione e altri aspetti finanziari mentre l'azienda cresce.

7. Espansione Geografica

- **Marketplace Locali**: Vendere attraverso marketplace online locali può essere una strategia per testare nuovi mercati senza un investimento significativo.

- **Adattamento Culturale**: Adattare il sito web, i prodotti e le comunicazioni di marketing alle preferenze culturali e linguistiche dei nuovi mercati target.

8. Team e Risorse Umane

- **Formazione**: Man mano che il team cresce, programmi di formazione e onboarding diventano essenziali per mantenere standard elevati.

- **Cultura Aziendale**: Preservare la cultura aziendale e i valori mentre si scala è cruciale per il mantenimento di un ambiente di lavoro positivo e produttivo.

9. Analisi Dati

- **Strategie Data-Driven**: Usare i dati e le analitiche per guidare decisioni e strategie, assicurando che la crescita sia sostenibile e basata su insight reali.

10. Agilità e Adattabilità

- **Feedback Loop**: Mantenere un forte ciclo di feedback con i clienti e il team per adattare rapidamente prodotti, servizi e strategie.
- **Innovazione Continua**: L'innovazione deve essere continua e guidare l'evoluzione del business nel tempo.

Ogni punto richiede un'analisi accurata e un'attenta pianificazione per assicurare che la crescita del business sia gestita in maniera sostenibile e strategica.

Tecnologie Emergenti e Innovazione

L'adozione di tecnologie emergenti può agire come un propulsore significativo per la scalabilità del tuo e-commerce. La realtà aumentata, per esempio, può essere utilizzata per fornire esperienze di acquisto immersive e interattive, mentre la blockchain potrebbe essere implementata per facilitare transazioni sicure e trasparenti. La tecnologia IoT (Internet delle cose) può essere utilizzata per ottimizzare la gestione delle scorte e la logistica, attraverso una maggiore tracciabilità e monitoraggio dei prodotti.

Personalizzazione e Esperienza Utente

La personalizzazione delle esperienze utente è cruciale per mantenere la rilevanza e l'attrattività del tuo e-commerce man mano che si scala. La personalizzazione può abbracciare aspetti diversi, dalla personalizzazione dei contenuti e delle raccomandazioni prodotto fino a landing page specifiche per segmenti di pubblico o location.

Partnership e Collaborazioni

La formazione di partnership può facilitare l'accesso a nuovi mercati e clienti. Collaborare con brand che condividono un pubblico simile al tuo può aprire nuove opportunità di marketing condiviso, oltre a collaborazioni per prodotti in edizione limitata o esclusiva. Esplorare alleanze con influencer e creatori di contenuto rilevanti nel tuo settore può anch'esso incrementare la visibilità e l'attrattività del tuo e-commerce.

Sostenibilità Ambientale

Il concetto di sostenibilità è diventato centrale nel comportamento d'acquisto dei consumatori. Implementare pratiche commerciali sostenibili e comunicare efficacemente tali iniziative ai tuoi clienti potrebbe non solo migliorare l'immagine del tuo brand ma anche attirare un nuovo segmento di clienti orientati alla sostenibilità.

User Generated Content e Community Building

L'incoraggiamento e l'utilizzo di contenuti generati dagli utenti, come recensioni, foto e video, possono creare una sensazione di comunità e appartenenza tra i tuoi clienti. Creare spazi, come forum o gruppi su piattaforme social, dove i tuoi clienti possono condividere esperienze e interagire direttamente con il tuo brand può migliorare la fedeltà e la retention.

Adozione di Metodi Agili

L'implementazione di metodi agili e lean nel processo decisionale e nello sviluppo del prodotto può facilitare una risposta più rapida e adattabile alle mutevoli condizioni del mercato e alle preferenze dei consumatori. Questo significa non solo riconoscere e adottare rapidamente nuove tendenze ma anche essere pronti a pivotare o adattare le offerte del tuo e-commerce in risposta ai feedback dei clienti e ai cambiamenti del mercato.

Strategie Omnicanale

Una strategia di vendita omnicanale, che fornisce un'esperienza cliente coesa attraverso vari punti di contatto sia online che offline, può migliorare l'esperienza cliente e aumentare le opportunità di vendita. Questo potrebbe includere un'integrazione tra il tuo e-commerce e eventuali negozi fisici, utilizzando tecnologia per creare un'esperienza cliente fluida e integrata.

Sicurezza e Protezione dei Dati

Mentre il tuo e-commerce cresce, anche la quantità di dati che gestisci si espande. Implementare e mantenere rigidi protocolli di sicurezza per proteggere i dati dei clienti e garantire la sicurezza delle transazioni diventa fondamentale. Inoltre, la conformità con le normative globali sulla protezione dei dati deve essere scrupolosamente osservata.

Globalizzazione e Localizzazione

Entrare in nuovi mercati internazionali richiede una strategia di localizzazione approfondita, che va oltre la semplice traduzione del tuo sito web. Comprendere e adattarsi alle preferenze locali, normative commerciali, e comportamenti d'acquisto può migliorare notevolmente le tue possibilità di successo in nuove regioni geografiche.

Diversificazione dell'Offerta

Esplorare nuovi verticali di prodotto o allargare la tua gamma di offerte può anche essere una strategia efficace per crescere e scalare il tuo e-commerce. Ciò può includere l'introduzione di nuove categorie di prodotto, l'espansione in nuovi segmenti di mercato o l'offerta di prodotti complementari.

La scalabilità del tuo e-commerce può essere affrontata con una strategia multidimensionale che consideri vari aspetti dell'operatività, dall'esperienza cliente all'innovazione tecnologica, e che mantenga un occhio attento alle tendenze emergenti e alle mutevoli preferenze dei consumatori.

Affrontiamo ulteriori aspetti rilevanti per la scalabilità del tuo business e-commerce:

Risorse Umane e Cultura Aziendale

Con la crescita del business, la necessità di attrarre e trattenere talenti diventa fondamentale. Creare una cultura aziendale solida e inclusiva, che favorisce la crescita personale e professionale, non solo migliora la produttività ma anche la capacità dell'azienda di attrarre talenti di qualità. Inoltre, istituire programmi di formazione e sviluppo può assicurare che il tuo team acquisisca le competenze necessarie per sostenere la crescita del business.

Relazioni con i Fornitori

Stabilire e mantenere relazioni positive con i fornitori è vitale per assicurare la coerenza e la qualità dell'offerta di prodotto, soprattutto durante le fasi di rapida espansione. Negoziazioni abili e accordi a lungo termine con i fornitori possono garantire costi prevedibili e rifornimenti regolari, mitigando rischi associati a interruzioni della supply chain.

Sistemi ERP e Integrazioni

I sistemi di pianificazione delle risorse aziendali (ERP) efficaci e le integrazioni tecnologiche possono automatizzare e ottimizzare vari processi aziendali, dalla gestione degli ordini alla contabilità. Investire in sistemi e soluzioni che possano scalare con il tuo business è cruciale per mantenere operazioni fluide e ridurre la complessità operativa man mano che l'azienda cresce.

Fidelizzazione della Clientela

Programmi di fidelizzazione, sconti per clienti abituali e altre iniziative possono incentivare la ripetizione degli acquisti e migliorare il lifetime value dei clienti. Creare un programma di fidelizzazione che sia sia appetibile per i clienti che sostenibile per il business è vitale per mantenere la rentabilità mentre si incentiva la lealtà del cliente.

Agile Marketing

Il marketing agile può consentire al tuo business di rispondere rapidamente ai cambiamenti nelle tendenze dei consumatori e nel panorama del mercato. Utilizzando dati e analisi per guidare le decisioni di marketing e avendo la flessibilità di testare, adattare e ottimizzare le campagne in tempo reale, il tuo business può rimanere rilevante e avvincente per i clienti.

Investimenti e Finanziamenti

Gestire saggiamente finanziamenti e investimenti è fondamentale per sostenere la scalabilità in modo sostenibile. Che tu stia esplorando opzioni di venture capital, prestiti aziendali o crowdfunding, avere una solida comprensione delle tue necessità finanziarie e un piano dettagliato per l'utilizzo dei fondi è essenziale.

Intelligenza Artificiale e Automazione

L'applicazione dell'intelligenza artificiale nel tuo e-commerce può rivoluzionare l'efficienza operativa e l'esperienza cliente. Che si tratti di chatbot per il servizio clienti, sistemi di raccomandazione personalizzati o automazione del marketing, l'IA può fornire soluzioni scalabili che migliorano con l'apprendimento continuo.

Gestione dei Rischi

L'identificazione e la mitigazione proattiva dei rischi, che possono variare da fattori operativi, come interruzioni della supply chain, a fattori esterni, come fluttuazioni del mercato o crisi globali, devono essere integrate nella strategia di crescita per assicurare una scalabilità resiliente.

R&D e Innovazione di Prodotto

Continuare a investire nella ricerca e sviluppo per mantenere l'offerta di prodotti fresca e rilevante è cruciale. L'innovazione non deve essere limitata solo al prodotto ma può anche estendersi al packaging, ai modelli di consegna e all'interazione con il cliente.

Corporate Social Responsibility (CSR)

Coinvolgere il tuo e-commerce in iniziative di responsabilità sociale d'impresa può non solo avere un impatto positivo sulla società ma anche rafforzare l'immagine del brand. Dimostrare un impegno autentico verso cause sociali, ambientali o comunitarie può resonare positivamente con i clienti e creare ulteriori livelli di fedeltà e supporto.

Mobile-First Approach

In un'era dominata dalla connettività mobile, assicurarsi che il tuo e-commerce sia ottimizzato per dispositivi mobili, non solo in termini di design responsive ma anche per quanto riguarda la facilità d'uso, velocità di caricamento e processi di pagamento semplificati, è vitale per mantenere e accrescere la base di clienti.

Customer Data Protection

Man mano che il tuo e-commerce cresce, anche la quantità di dati clienti che gestisci espande. E' fondamentale implementare robuste misure di sicurezza dei dati e assicurarti che le prassi siano in conformità con le normative globali sulla protezione dei dati, come il GDPR europeo o il CCPA californiano.

Partnership e Collaborazioni

Formare partnership strategiche e collaborazioni può ampliare la portata del tuo e-commerce e fornire nuove opportunità di crescita. Che si tratti di collaborazioni con influencer, joint ventures con altri brand o partnership con piattaforme di e-commerce, esplorare sinergie può creare vantaggi mutuali e stimolare la crescita.

Analisi del Mercato Internazionale

Infine, l'esplorazione di mercati internazionali e la comprensione delle specificità culturali, legali e di consumo di diverse regioni possono aprire nuovi orizzonti di crescita. L'adattamento delle strategie di marketing, delle offerte di prodotti e dell'esperienza cliente per soddisfare le esigenze dei diversi mercati può catalizzare ulteriori espansioni e solidificare la presenza globale del tuo e-commerce.

Ricorda, ogni punto elencato è un'area ricca che può essere ulteriormente espansa e approfondita in base alle esigenze specifiche e alle dinamiche del tuo e-commerce. Ogni strategia adottata deve essere misurata e ottimizzata continuamente per assicurare che le iniziative siano allineate con gli obiettivi globali dell'azienda e sostengano efficacemente la traiettoria di crescita desiderata.

Conclusione: Navigare verso la Scalabilità del Business E-commerce

Riepilogo dei Punti Chiave

1. **Risorse Umane**: Costruire un team solido, nutrendo una cultura aziendale e sviluppando competenze.
2. **Fornitori**: Salvaguardare la supply chain attraverso partnership forti e sostenibili.
3. **Tecnologia ERP**: Implementare sistemi scalabili per operazioni efficienti e integrative.
4. **Fidelizzazione del Cliente**: Investire in programmi e iniziative per massimizzare il valore del cliente nel tempo.
5. **Marketing Agile**: Adottare una strategia marketing dinamica, adattabile e orientata ai dati.
6. **Gestione Finanziaria**: Assicurare un finanziamento e gestione del capitale ottimale.
7. **Intelligenza Artificiale**: Implementare automazione e IA per arricchire le operazioni e l'esperienza del cliente.
8. **Gestione del Rischio**: Implementare una strategia robusta per l'identificazione e la mitigazione dei rischi.
9. **Innovazione di Prodotto**: Continuare la R&S per rimanere all'avanguardia e mantenere l'offerta fresca.

10.   **CSR**: Impegnarsi in iniziative che amplificano l'immagine del brand e creano un impatto positivo.

11. **Mobile-First**: Priorizzare un'esperienza utente ottimizzata per dispositivi mobili.

12. **Protezione Dati**: Assicurare una gestione e protezione dei dati dei clienti in conformità con le normative.

13. **Collaborazioni**: Esplorare partnership che possano ampliare la portata e le opportunità di mercato.

14. **Mercato Globale**: Esplorare e adattarsi a nuovi mercati, considerando le variabili regionali e culturali.

Considerazioni Finali per la Scalabilità

- **Analisi e Adattabilità**: Il processo di scalabilità deve essere continuamente monitorato e ottimizzato attraverso analisi e feedback. È vitale avere la flessibilità per adattare le strategie in base alle performance e alle dinamiche di mercato emergenti.

- **Customer-Centricity**: Mantenere il cliente al centro di ogni strategia, dalla progettazione del prodotto alla comunicazione marketing. La scalabilità efficace si basa sulla capacità di mantenere e migliorare costantemente la soddisfazione del cliente.

- **Innovazione Continua**: La sostenibilità del successo nel lungo termine risiede nella capacità di innovare continuamente, sia internamente (processi, cultura, tecnologia) che esternamente (prodotti, servizi, esperienze).

- **Sostenibilità**: Nell'ambito della scalabilità, la sostenibilità non è solo ambientale ma anche operativa. Le strategie devono essere strutturate in modo da essere mantenute nel tempo, sostenendo la crescita senza esaurire le risorse o compromettere la qualità e l'integrità del business.

- **Legislazione e Conformità**: A mano a mano che il business si espande, specialmente a livello internazionale, è imperativo rimanere aggiornati e conformi con le leggi e le normative di ogni mercato in cui si opera.

- **Cultura Organizzativa**: Mantenere la chiarezza della missione, la visione e i valori aziendali anche durante fasi intensive di crescita e cambiamento. Assicurarsi che le nuove assunzioni e le espansioni territoriali rispecchino e rinforzino la cultura aziendale.

- **Tecnologia e Dati**: Avere una forte infrastruttura tecnologica e una strategia di dati efficace per sostenere le decisioni con analisi predittive e insights azionabili, identificando tempestivamente opportunità e sfide.

In conclusione, la scalabilità del business e-commerce va ben oltre l'incremento delle vendite e l'espansione del portfolio prodotti. Si tratta di navigare attraverso una crescita strutturata, prevedendo e mitigando le sfide, capitalizzando sulle opportunità, mantenendo l'eccellenza operativa e, soprattutto, valorizzando i clienti e il team interno. Ogni fase della scala richiede un'analisi approfondita e strategie dedicate, assicurando che la crescita sia non solo raggiunta ma anche sostenibile nel lungo termine.

18. Gestione del Rischio • Identificazione e mitigazione dei rischi.

Profondità nella Gestione del Rischio nel Business E-commerce

La gestione del rischio, un elemento cruciale per qualsiasi impresa, assume una significativa preminenza nel contesto dinamico e in rapida evoluzione dell'e-commerce. Una gestione del rischio efficace non si limita solamente all'identificazione e alla mitigazione dei rischi, ma si estende anche alla prevenzione, al monitoraggio e alla reazione di fronte alle eventuali problematiche o crisi.

Identificazione dei Rischi

1. **Rischi Tecnologici**: Vanno dai bug del sito web ai crash dei server, passando per falle nella sicurezza che potrebbero compromettere i dati sensibili dei clienti.

2. **Rischi Operativi**: Riguardano tutte quelle problematiche che possono emergere nelle operazioni quotidiane dell'impresa, come ad esempio problemi nella catena di fornitura o nell'inventario.

3. **Rischi Finanziari**: Sono legati alle variazioni dei mercati finanziari, delle valute e ad altri fattori economici che possono influenzare la stabilità finanziaria dell'impresa.

4. **Rischi Legali**: Comprendono questioni legali, normative e di conformità, come violazioni dei diritti d'autore, problemi legati alle normative sulla protezione dei dati, ecc.

5. **Rischi di Reputazione**: Riguardano eventi che possono danneggiare la reputazione dell'impresa, come recensioni negative, crisi di PR, ecc. Strutturare un Piano di Mitigazione

- **Sistemi Tecnologici Robusti**: Investire in tecnologie avanzate per prevenire i malfunzionamenti del sito, garantire la sicurezza dei dati e assicurare un'esperienza utente fluida.

- **Processi Operativi Affidabili**: Creare procedure solide e chiare, assicurando che la catena di fornitura e le operazioni logistiche siano efficienti e resilienti.

- **Protezioni Finanziarie**: Adottare strategie di hedging per coprire i rischi valutari e investire in modo diversificato per proteggersi dalle fluttuazioni del mercato.

- **Conformità Legale**: Assicurarsi che tutte le operazioni e i processi aziendali siano conformi alle normative locali, nazionali e internazionali.
- **Gestione della Reputazione**: Monitorare costantemente l'immagine dell'impresa e essere pronti a intervenire proattivamente in caso di crisi reputazionale.

Implementare un Sistema di Monitoraggio dei Rischi

1. **Strumenti Analitici**: Utilizzare strumenti di analisi dei dati e di business intelligence per monitorare e analizzare costantemente i fattori di rischio.
2. **Feedback**: Creare canali per ricevere e gestire feedback da clienti e parti interessate, identificando prontamente potenziali aree di rischio.
3. **Audit**: Condotto regolarmente, per verificare l'efficacia delle misure di gestione del rischio e identificare aree di miglioramento.

Creare una Cultura di Gestione del Rischio

- **Formazione**: Eseguire sessioni regolari di formazione per sensibilizzare il team sulla gestione del rischio e sugli approcci proattivi.
- **Comunicazione**: Assicurarsi che vi sia una comunicazione chiara e aperta all'interno dell'organizzazione riguardo alle politiche e alle procedure di gestione del rischio.

- **Responsabilità**: Assegnare la responsabilità della gestione dei rischi e assicurarsi che ogni unità operativa sia responsabile della gestione dei propri rischi.

Concludendo, una gestione del rischio efficace nell'e-commerce è un processo olistico che richiede l'integrazione di tecnologia, persone e processi. L'obiettivo è creare un ecosistema aziendale che non solo identifichi e mitighi i rischi, ma sia anche resiliente e capace di adattarsi rapidamente alle sfide emergenti, assicurando la sostenibilità e la crescita dell'impresa nel lungo termine.

La gestione del rischio, particolarmente nell'ambito dell'e-commerce, è un'arte che implica non solo l'abilità di identificare e navigare tra le sfide presenti e future, ma anche la proattività nel formulare strategie che anticipino e neutralizzino potenziali minacce prima che esse possano effettivamente impattare l'attività aziendale.

Un'area della gestione del rischio che merita un'attenzione particolare è quella legata alla **cybersecurity**. In un'epoca in cui la digitalizzazione ha intensificato l'utilizzo di piattaforme online per le transazioni commerciali, la protezione dei dati e delle informazioni degli utenti diventa un imperativo categorico per qualsiasi attività commerciale online. Le violazioni dei dati non solo possono risultare in perdite finanziarie dirette, ma minano anche la fiducia dei clienti, potenzialmente deviando il flusso di affari verso concorrenti percepiti come più sicuri e affidabili. Nella gestione della cybersecurity, le aziende di e-commerce dovrebbero considerare aspetti quali:

- **Protezione Dati**: Assicurare che i dati dei clienti siano criptati e immagazzinati in modo sicuro.

- **Protezione Transazioni**: Adottare protocolli di sicurezza che garantiscono che le transazioni finanziarie siano sicure e libere da interferenze esterne.

- **Prevenzione delle Frodi**: Implementare strumenti e politiche efficaci per identificare e prevenire tentativi di frode e attacchi phishing. Oltre ai rischi cyber, le aziende devono altresì considerare il **rischio competitivo** nel mercato digitale. L'e-commerce è un settore in cui le barriere all'ingresso sono relativamente basse, rendendo la concorrenza intensa e la differenziazione vitale. Il rischio competitivo può manifestarsi attraverso una varietà di vettori, come nuovi entranti nel mercato, innovazioni tecnologiche, cambiamenti nelle preferenze dei consumatori, e variazioni nei prezzi dei concorrenti.

Per mitigare il rischio competitivo, le aziende possono:

- **Analizzare Continuamente il Mercato**: Per rimanere all'avanguardia rispetto alle tendenze emergenti e all'attività dei concorrenti.
- **Innovare**: Investire in ricerca e sviluppo per creare nuovi prodotti e migliorare quelli esistenti.
- **Brand Loyalty**: Costruire e mantenere la fedeltà del marchio attraverso iniziative di marketing, offerte esclusive e un'eccellente esperienza cliente.

Infine, il **rischio legato alla supply chain** rappresenta un altro elemento critico nel contesto del commercio elettronico. Le interruzioni della catena di fornitura, che possono derivare da una miriade di fattori come eventi geopolitici, catastrofi naturali, o crisi sanitarie, possono avere ripercussioni significative sulla capacità di un'impresa di soddisfare le richieste dei clienti.

Alcune strategie per navigare il rischio associato alla catena di fornitura includono:

- **Diversificare i Fornitori**: Non fare affidamento su un unico fornitore per evitare colli di bottiglia produttivi.
- **Stock di Sicurezza**: Mantenere un inventario di sicurezza per i prodotti chiave per proteggersi contro le interruzioni improvvise della supply chain.

- **Logistica Flessibile**: Costruire una rete logistica che possa adattarsi rapidamente ai cambiamenti, trovando nuove rotte e modalità di trasporto quando le vie tradizionali sono compromesse.

Ogni tipo di rischio necessita di un set specifico di strategie per la sua gestione, ed è essenziale adottare un approccio olistico, che non solo consideri ciascun rischio isolatamente ma anche come essi possano interagire e potenzialmente esacerbarsi a vicenda. La costruzione di un modello di gestione del rischio che sia flessibile, adattabile e resiliente alle sfide emergenti e in evoluzione è, pertanto, fondamentale per il successo e la sostenibilità di un'impresa e-commerce nel lungo termine.

Il tema della gestione del rischio nel contesto di un'impresa e-commerce è vasto e comprende numerose sfaccettature, una delle quali è decisamente il **rischio legale**. E-commerce, specialmente quelli con una clientela globale, devono navigare attraverso un intricato tessuto di normative e leggi che variano notevolmente da una giurisdizione all'altra. Ad esempio, le leggi relative alla privacy dei dati, ai diritti dei consumatori, e alle tasse sull'e-commerce possono differire sostanzialmente tra paesi e regioni. Una strategia efficace di gestione del rischio legale potrebbe includere:

- **Consulenza Legale**: Avere accesso a consulenti legali esperti nelle leggi di tutti i mercati di interesse.

- **Compliance Continua**: Implementare processi per assicurarsi che l'azienda si adegui continuamente alle leggi locali, nazionali e internazionali.

- **Formazione dei Dipendenti**: Assicurarsi che il personale sia adeguatamente formato e aggiornato riguardo agli aspetti legali rilevanti. Un altro aspetto critico della gestione del rischio è la **gestione della reputazione**. La reputazione di un'azienda è un asset intangibile ma estremamente prezioso. In un'era dove le recensioni online e i social media giocano un ruolo centrale nelle decisioni d'acquisto dei consumatori, una singola crisi di reputazione può avere un impatto devastante sul brand e sui profitti. Le aziende e-commerce dovrebbero adottare una strategia di gestione della reputazione che include:

- **Monitoraggio della Reputazione**: Utilizzare strumenti per monitorare ciò che si dice dell'azienda online e rispondere in modo proattivo.

- **Gestione delle Crisi**: Avere un piano predeterminato per gestire qualsiasi potenziale crisi di reputazione.
- **Servizio Clienti di Qualità**: Assicurarsi che ogni cliente sia soddisfatto e che eventuali reclami vengano gestiti in modo tempestivo e professionale.

Il **rischio finanziario** rappresenta un altro pilastro della gestione del rischio in un'azienda e-commerce. Questo può includere fluttuazioni nei tassi di cambio, volatilità dei costi delle materie prime, e cambiamenti nei tassi di interesse. Per mitigare il rischio finanziario, le aziende potrebbero adottare strategie quali:

- **Coperture**: Utilizzare strumenti finanziari per proteggersi da fluttuazioni dei prezzi e dei tassi di cambio.
- **Gestione del Capitale Circolante**: Monitorare e ottimizzare continuamente il capitale circolante per mantenere la liquidità.
- **Budget e Previsioni**: Creare budget dettagliati e prevedere scenari finanziari per anticipare e pianificare variazioni finanziarie.

Infine, il **rischio tecnologico** è particolarmente rilevante per le imprese e-commerce, che sono fortemente dipendenti dalle tecnologie per le operazioni quotidiane. Interruzioni tecnologiche, obsolescenza e attacchi cibernetici rappresentano minacce concrete che devono essere mitigrate con una strategia solida di gestione del rischio tecnologico, che potrebbe comprendere:

- **Piani di Recupero**: Avere un piano di disaster recovery e continuità operativa per affrontare interruzioni tecnologiche.

- **Aggiornamenti e Manutenzione**: Assicurare che tutti i sistemi tecnologici siano regolarmente aggiornati e mantenuti.

- **Investimenti in Tecnologia**: Valutare e investire in nuove tecnologie che possano migliorare l'efficienza e la resilienza delle operazioni.

La gestione del rischio, in tutte le sue varie forme, richiede un approccio multifacettato che assicuri che l'azienda non solo sopravviva ma prosperi di fronte alle inevitabili sfide e incertezze del fare business nell'ambito digitale. Si tratta di un processo continuo che necessita di un monitoraggio regolare e di aggiustamenti strategici per allinearsi all'evoluzione del mercato e dell'ambiente operativo.

Per concludere, la gestione del rischio è un elemento cruciale nella navigazione attraverso le complessità e le sfide dell'operare un'impresa e-commerce, affrontando questioni che spaziano dai rischi legali e di reputazione a quelli finanziari e tecnologici.

Aspetti Chiave nella Conclusione della Gestione del Rischio

1. **Approccio Proattivo**:
   - Implementare una mentalità e una cultura aziendale proattiva verso la gestione del rischio.
   - Coinvolgere le leadership e i team interfunzionali nella pianificazione e nell'esecuzione delle strategie di gestione del rischio.

2. **Sistemi e Strumenti Adeguati**:
   - Adottare e investire in sistemi e strumenti robusti per monitorare, valutare e mitigare i rischi.
   - Fare uso di analisi predittive per prevenire potenziali minacce prima che si manifestino.

3. **Comunicazione Efficace**:
   - Stabilire canali di comunicazione efficaci per informare tutte le parti interessate riguardo alle politiche, ai procedimenti e agli aggiornamenti sulla gestione del rischio.
   - Implementare protocolli chiari per la comunicazione interna ed esterna, specialmente durante una crisi.

4. **Formazione del Personale**:
   - Formare il personale su come identificare, segnalare e gestire potenziali rischi.

- Condotto esercizi e simulazioni regolari per assicurare che il team sia preparato ad affrontare situazioni di crisi.

5. **Revisione e Aggiornamento Continuo**:
   - Rivedere regolarmente le politiche e le procedure di gestione del rischio per assicurare che siano attuali e in linea con l'ambiente di business in evoluzione.
   - Apportare aggiustamenti proattivi alle strategie in risposta ai feedback, ai dati analitici e alle lezioni apprese da episodi passati.

6. **Collaborazioni Esterne**:
   - Collaborare con esperti esterni, ad esempio consulenti di gestione del rischio o legali, per ottenere una prospettiva esterna e un'expertise specialistica.
   - Creare relazioni con altri attori del settore per condividere le best practices e i percorsi di apprendimento nel campo della gestione del rischio.

7. **Pianificazione della Successione e della Scalabilità**:
   - Assicurare che vi sia una pianificazione della successione chiara per i ruoli chiave nella gestione del rischio.
   - Verificare che le strategie di gestione del rischio siano scalabili in linea con la crescita e l'evoluzione dell'azienda.

8. **Comprensione del Contesto Aziendale**:
   - Avere una comprensione chiara e completa del contesto operativo dell'azienda, inclusi mercato, clientela, e panorama concorrenziale.
   - Identificare e comprendere come variabili esterne, come le tendenze di mercato e i cambiamenti normativi, possano influenzare i rischi aziendali.
9. **Client-Centricità**:
   - Mantenere il cliente al centro delle strategie di gestione del rischio, assicurando che le politiche implementate non compromettano l'esperienza del cliente.
   - Garantire che eventuali crisi siano gestite in modo tale da minimizzare l'impatto sui clienti e mantenere la fiducia.
10. **Responsabilità Sociale d'Impresa (CSR) e Etica**:
    - Assicurarsi che le strategie di gestione del rischio siano allineate con i principi di CSR e gli standard etici.
    - Implementare meccanismi che assicurino che la gestione del rischio sia eseguita in modo etico e socialmente responsabile.
11. **Documentazione Rigorosa**:
    - Mantenere una documentazione rigorosa di tutte le attività di gestione del rischio,

inclusi i piani, le implementazioni, le revisioni e i risultati.

- Utilizzare queste documentazioni per analisi future, formazione e miglioramento continuo.

La natura sempre più dinamica e globalizzata del commercio digitale esige un'attenzione scrupolosa verso la gestione del rischio in tutte le sue forme. La considerazione e l'integrazione efficace di questi aspetti chiave nel telaio operativo e strategico dell'azienda non solo blindano l'organizzazione contro gli imprevisti ma anche cementano una fondazione solida per una crescita e una sostenibilità a lungo termine nel vibrante mercato dell'e-commerce.

19. Outsourcing e Automazione • Ottimizzazione dei processi aziendali.

Outsourcing e Automazione:
Outsourcing:
Definizione:

- **Outsourcing**: Implica l'esternalizzazione di specifiche funzioni aziendali o processi a terze parti specializzate.

Vantaggi:

1. **Concentrazione sul Core Business:** Consente alle aziende di focalizzarsi sulle proprie

competenze chiave e migliorare l'efficienza operativa.

2. **Risparmio sui Costi**: La delega di funzioni a terzi, spesso in locazioni geografiche con costi inferiori, può portare a un risparmio significativo.

3. **Accesso a Esperti**: Accedere a un pool di esperti e tecnologie avanzate senza necessità di investimenti interni.

Sfide:

1. **Controllo**: Potenziale perdita di controllo su processi e qualità.

2. **Dipendenza**: Una certa dipendenza dai fornitori esterni.

3. **Sicurezza e Conformità**: La necessità di garantire che il fornitore aderisca a standard elevati.

Best Practices:

- **Accordi chiari**: Stabilire SLA e KPI chiari con fornitori esterni.
- **Comunicazione**: Mantenere canali di comunicazione aperti e regolari.
- **Valutazione**: Continua valutazione delle prestazioni del fornitore e adeguamento delle strategie.

Automazione:

Definizione:

- **Automazione**: L'adozione di tecnologia per eseguire compiti ripetitivi e processi con pochissimo o nessun intervento umano.

Vantaggi:

1. **Efficienza**: Riduzione del tempo impiegato per eseguire processi.
2. **Riduzione degli Errori**: Minimizzare errori umani mediante l'utilizzo di sistemi automatici.
3. **Scalabilità**: Facilità di scalare operazioni senza l'assunzione proporzionale di risorse umane.

Sfide:

1. **Costi Iniziali**: L'investimento iniziale per tecnologie e implementazione.
2. **Complessità**: La necessità di competenze specifiche per implementare e gestire sistemi automatizzati.
3. **Resistenza al Cambiamento**: Gli stakeholder interni possono resistere all'adozione di nuove tecnologie.

Best Practices:

- **Pianificazione**: Pianificare attentamente i percorsi di automazione, identificando correttamente i processi idonei.
- **Formazione**: Assicurarsi che il team sia adeguatamente formato per lavorare con nuove tecnologie.
- **Analisi dei Dati**: Utilizzare dati e analitiche per valutare continuamente l'efficacia dell'automazione.

Integrando Outsourcing e Automazione:

- **Efficienza Ottimizzata**: L'integrazione di automazione e outsourcing può offrire un equilibrio, automatizzando dove ha senso e esternalizzando dove le competenze specifiche sono indispensabili.
- **Gestione delle Risorse**: Bilanciamento tra il personale interno, le tecnologie automatizzate e i team esternalizzati.
- **Agilità**: Creazione di un ecosistema agile che può adattarsi rapidamente ai cambiamenti di mercato e alle esigenze dei clienti attraverso l'utilizzo ottimale di risorse esterne e tecnologie automatizzate.

In sintesi, combinando strategicamente l'outsourcing e l'automazione, le aziende possono creare un framework operativo che massimizza l'efficienza, riduce i costi, e mantiene un elevato livello di qualità e flessibilità operativa. La chiave risiede nel bilanciare sapientemente queste strategie, garantendo che la tecnologia e le partnership esterne siano alineate con gli obiettivi di business, le esigenze dei clienti e le dinamiche del mercato.

Il tema dell'outsourcing e dell'automazione
contiene davvero molteplici sfaccettature che
meritano di essere esplorate. Consideriamo, ad
esempio, l'aspetto dell'innovazione tecnologica e
di come questa influisce sull'outsourcing e
sull'automazione nel contesto delle aziende
contemporanee.
L'innovazione tecnologica, e in particolare
l'Intelligenza Artificiale (IA), ha aperto nuove
frontiere in termini di automazione. Questo non
si riferisce solo all'automazione dei processi di
produzione o dei servizi, ma anche alla capacità
di analizzare dati e informazioni, prevedere trend
e fornire insight preziosi per la presa di decisioni
aziendali. L'IA ha permeato diversi settori,
dall'assistenza clienti, con l'utilizzo di chatbot e
virtual assistant, fino al settore manifatturiero,
con l'implementazione di sistemi autonomi che
gestiscono interi flussi di produzione. Queste
tecnologie possono anche essere integrate in
piattaforme esterne, attraverso processi di
outsourcing, permettendo alle aziende di
beneficiare di soluzioni innovative senza
necessariamente svilupparle internamente.
Per quanto riguarda l'outsourcing, i modelli
tradizionali si stanno evolvendo per abbracciare e
incorporare queste nuove tecnologie. Le aziende
di outsourcing stanno integrando soluzioni
basate su IA per fornire servizi più efficienti e

avanzati ai loro clienti. In questo modo, le aziende che scelgono di esternalizzare determinati servizi o funzioni non solo ottengono il beneficio della riduzione dei costi ma anche l'accesso a tecnologie di ultima generazione senza la necessità di svilupparle e manutenerle internamente.

Inoltre, esploriamo ulteriormente la questione dell'automazione dei processi robotici (RPA), che ha acquisito una notevole popolarità nell'ultimo decennio. RPA si riferisce all'utilizzo di "robot" software per automatizzare processi di business che sono tipicamente ripetitivi e basati su regole. Ad esempio, il processo di inserimento dei dati, che una volta richiedeva ore di immissione manuale da parte di un operatore umano, può ora essere eseguito in modo efficiente e accurato da un robot software. RPA può essere utilizzato per automatizzare vari processi in diversi reparti, dall'amministrazione alle risorse umane, alle operazioni, offrendo un'ampia gamma di applicazioni utili.

Nell'ottica dell'outsourcing, la RPA offre anche opportunità interessanti. Un'azienda potrebbe scegliere di esternalizzare non solo la gestione dei suoi processi ma anche l'implementazione e la gestione dei suoi robot. In questo scenario, le società di outsourcing diventano partner strategici che non solo eseguono task, ma anche progettano, implementano e gestiscono soluzioni RPA per i loro clienti, creando un valore aggiunto notevole.

Inoltre, lo scenario economico e operativo globale impone una riflessione sulla resilienza e l'agilità organizzativa. L'integrazione dell'outsourcing e dell'automazione può fungere da leva per costruire un modello di business più resistente e adattabile alle turbolenze del mercato e alle disrupzioni. Questo perché un ecosistema ben orchestrato che utilizza sia risorse interne che esterne, così come tecnologie manuali e automatizzate, può ridisegnarsi rapidamente in risposta a cambiamenti imprevisti.

In questo contesto, un'azienda che adotta sia l'outsourcing che l'automazione può derivare benefici multipli, tra cui una maggiore flessibilità operativa, un miglioramento della qualità del servizio, e un innalzamento del valore offerto al cliente finale. Tuttavia, è fondamentale gestire questi elementi in modo sinergico, assicurando che le strategie di esternalizzazione e automazione siano allineate con gli obiettivi complessivi dell'azienda e siano sostenibili nel lungo termine. Un'implementazione ponderata e ben gestita può portare a un equilibrio operativo che sposa innovazione, efficienza, e sostenibilità.

Un aspetto cruciale nell'ambito dell'outsourcing e dell'automazione che merita un'analisi dettagliata è la gestione e la mitigazione dei rischi connessi. Quando un'azienda decide di esternalizzare alcuni dei suoi processi o di automatizzarli, questa non solo modifica le dinamiche operative ma anche l'esposizione a potenziali rischi. Parliamo, ad esempio, di rischi legati alla sicurezza dei dati, alla conformità normativa, alla qualità del servizio e alla continuità operativa.

La sicurezza dei dati e la protezione delle informazioni sono di primaria importanza in un'era dove la digitalizzazione è sempre più pervasiva. Quando un'azienda sceglie di esternalizzare alcune delle sue funzioni a terzi, è fondamentale assicurarsi che il partner di outsourcing adotti misure di sicurezza solide ed efficaci. È essenziale analizzare e valutare in maniera critica le policy di sicurezza del fornitore, la conformità con gli standard internazionali, e le tecnologie utilizzate per proteggere i dati. Similmente, nel contesto dell'automazione, è indispensabile proteggere i robot e i sistemi dall'accesso non autorizzato, evitando potenziali interruzioni operative o fughe di dati.

Sottolineiamo anche l'importanza del rispetto della conformità normativa. Quando un'azienda decide di esternalizzare, le norme e le regolamentazioni che regolano l'industria non devono mai essere trascurate. È vitale che i fornitori di outsourcing siano non solo a conoscenza delle normative locali e internazionali ma anche in grado di adempiere ad esse in maniera scrupolosa. Emerge quindi l'importanza di un'accurata valutazione delle competenze e delle abilità del fornitore nell'assumere e gestire responsabilità legate alla compliance.

Inoltre, la continuità operativa è un altro elemento chiave da considerare. Quali meccanismi il partner di outsourcing ha in atto per garantire la continuità del servizio in caso di disastri o interruzioni impreviste? E, nel caso della RPA, come l'azienda può assicurarsi che i processi automatizzati siano resiliente a guasti software o hardware? Queste domande non sono meramente speculative ma devono guidare un'analisi attenta per sviluppare e implementare piani di continuità operativa e disaster recovery che siano robusti e affidabili.

Un ulteriore aspetto da sondare è la qualità del servizio, sia in un contesto di outsourcing che di automazione. La consistenza e l'elevato standard del servizio sono fondamentali per mantenere e potenziare la soddisfazione del cliente. In un'ottica di outsourcing, la selezione del partner giusto, che condivida valori e obiettivi di qualità, è cruciale. Nel panorama dell'automazione, la manutenzione, l'aggiornamento e il monitoraggio costante delle soluzioni tecnologiche devono essere programmati e implementati con rigore per assicurare un servizio che non sia solo efficiente ma anche eccellente e coerente nel tempo.

In ultimo, non meno rilevante è la considerazione etica e sociale dell'automazione e dell'outsourcing. Le decisioni in questi ambiti possono avere un impatto significativo sulle risorse umane e sulle comunità locali. È fondamentale, pertanto, approcciare queste strategie con una visione olistica, che prende in considerazione non solo il ROI economico ma anche le implicazioni umane e sociali. L'implementazione di strategie etiche e responsabili, che mirano a mitigare l'impatto sociale e al contempo a valorizzare il capitale umano, diventa centrale. Ad esempio, il reinvestimento delle risorse umane in ruoli di maggior valore, la formazione e lo sviluppo delle competenze possono essere percorsi virtuosi per non disperdere il know-how e valorizzare le persone nell'ottica di un business sostenibile e consapevole.

L'esplorazione dei temi dell'outsourcing e dell'automazione potrebbe portarci a vagliare anche le strategie adottate per garantire un'efficiente comunicazione e collaborazione tra le parti coinvolte. È essenziale, infatti, instaurare meccanismi che favoriscano un flusso comunicativo chiaro e costante tra l'azienda e il partner di outsourcing o tra i vari dipartimenti aziendali nel contesto di processi automatizzati. La comunicazione gioca un ruolo fondamentale nell'outsourcing. È attraverso una comunicazione efficace che le aspettative vengono impostate, le strategie condivise, e i risultati monitorati. Pertanto, strumenti come software di gestione del progetto, piattaforme di comunicazione unificata, e report regolari possono rivelarsi essenziali per monitorare l'andamento dei progetti, condividere feedback, e implementare miglioramenti in modo tempestivo.

Anche la questione della gestione delle risorse umane è centrale quando parliamo di automazione e outsourcing. Ad esempio, come gestire le squadre in remoto? Quali strategie adottare per mantenere alto il morale e l'engagement dei team distribuiti geograficamente? L'adozione di pratiche che mirano al benessere dei dipendenti, alla formazione continua, e alla valorizzazione delle competenze può essere un valido supporto nella gestione di squadre remote e nel mantenimento di un ambiente lavorativo stimolante e produttivo anche a distanza.

Riguardo la gestione delle risorse umane in un contesto di automazione, l'aspetto della formazione e del re-skilling diventa preponderante. Aziende che implementano soluzioni automatizzate hanno il dovere etico di supportare i propri dipendenti nel percorso di aggiornamento delle competenze e reinserimento in ruoli che possano esaltare il loro contributo umano e professionale.

In un mondo sempre più connesso, un altro aspetto da non sottovalutare è la gestione dell'interculturalità e della diversità. In un contesto di outsourcing, specialmente se il partner esterno è situato in un altro paese, comprendere e rispettare le differenze culturali e lavorative è fondamentale per instaurare un rapporto di collaborazione proficuo e rispettoso. Questo include la comprensione delle festività locali, delle norme lavorative, e delle aspettative in termini di orari e modalità di lavoro.

Inoltre, l'innovazione tecnologica, spesso motore dell'automazione, richiede un'attenzione costante riguardo all'evoluzione degli strumenti e delle soluzioni disponibili. L'azienda deve quindi non solo implementare tecnologie all'avanguardia ma assicurarsi anche che queste siano costantemente aggiornate e adeguate alle esigenze emergenti. L'automazione e l'outsourcing possono inoltre introdurre nuove sfide riguardo alla customer experience. La qualità del servizio al cliente, l'efficienza e la personalizzazione dell'interazione possono essere influenzate da questi processi e, pertanto, richiedono una pianificazione accurata e un monitoraggio attento per garantire che l'esperienza del cliente rimanga positiva e costruttiva.

In sintesi, mentre l'automazione e l'outsourcing aprono nuove opportunità di ottimizzazione dei processi e di crescita aziendale, essi introducono anche complessità e sfide che necessitano di un'analisi oculata e di una gestione attenta e continua. Questo include la gestione delle relazioni, la tutela dei dati, la conformità normativa, la salvaguardia della qualità dei servizi e, non ultima, l'attenzione verso le implicazioni etiche e sociali derivanti dall'adozione di tali strategie.

La trama complessa che intreccia l'outsourcing e l'automazione all'interno delle dinamiche aziendali avvolge numerosi aspetti, dalle sfumature operative alle implicazioni etiche, ed è essenziale sviscerarne ogni particolare per trarre conclusioni ponderate.

Outsourcing: Benefici e Sfide

1. **Vantaggi Economici:**
   - Permette alle aziende di focalizzarsi sulle competenze chiave, riducendo i costi operativi.
   - L'accesso a esperti globali porta innovazione e competenza specialistica.
2. **Costruzione delle Relazioni:**
   - L'importanza di un partner affidabile e competente, che condivida obiettivi e valori aziendali, è fondamentale.
   - Si instaura un legame che deve essere nutrita di trasparenza, chiarezza, e fiducia reciproca.
3. **Gestione Interculturale:**
   - Comprendere le sfumature culturali e valori del partner in outsourcing è cruciale per un dialogo e collaborazione fruttuosa.

Automazione: Impatto e Consapevolezza

1. **Efficienza Operativa:**
   - L'automazione consente di snellire i processi, migliorare la produttività e ridurre i margini di errore umano.
2. **Risorse Umane e Riqualificazione:**
   - Implementare percorsi formativi, affinché la forza lavoro si adatti al mutamento tecnologico è vitale.

- La transizione verso ruoli più strategici e meno operativi deve essere facilitata e incentivata.

Sfumature Etiche

- Il dovere dell'azienda di garantire percorsi di ricollocazione professionale, formazione, e supporto nel contesto dell'automazione.
- L'etica nell'outsourcing implica una selezione consapevole del partner, assicurandosi che anche nella catena di fornitura vengano rispettati i diritti dei lavoratori e gli standard ambientali e sociali.

Prospettive Future

- **Adattabilità e Flessibilità:** La capacità di adattarsi alle variabili di mercato e di integrare nuove tecnologie e strategie operative nell'outsourcing e nell'automazione.
- **Innovazione e Crescita:** Continuare a esplorare nuove tecnologie e approcci che possano ulteriormente ottimizzare i processi aziendali.

Conclusione

Nell'abbracciare le strategie di outsourcing e automazione, l'impresa moderna si trova dinanzi a una cornucopia di possibilità ma è anche sfidata da un complesso puzzle di responsabilità e gestione strategica. La bilancia deve pendere verso un equilibrio in cui l'efficienza operativa e la crescita economica convivano armoniosamente con il benessere dei lavoratori e un profondo rispetto etico e sociale.

Il futuro del business in questo contesto potrebbe ben vedere la nascita di modelli sempre più integrati, in cui l'automazione, l'innovazione tecnologica e l'outsourcing si fondono in una sinergia che esalta le potenzialità di ciascun elemento, senza tralasciare l'importanza della sostenibilità e della responsabilità sociale aziendale.

Gestire con saggezza e previdenza questi aspetti permetterà non solo di navigare con successo nel mercato contemporaneo, ma anche di costruire un'impronta aziendale che sia esempio di integrità, innovazione e stabilità in un panorama imprenditoriale in continua evoluzione.

20. Casi di Studio • Esempi di successo nel dropshipping.

La presentazione di casi di studio diventa un elemento illuminante quando si esplorano le dinamiche del dropshipping, poiché fornisce spunti pratici e mette in luce le strategie che hanno determinato il successo di alcune imprese. In tal senso, prendere in esame storie specifiche può rivelare percorsi replicabili e offrire preziose lezioni.

Caso 1: Wayfair

- **Profilo Aziendale:** Wayfair, gigante dell'e-commerce focalizzato su mobili e articoli per la casa, ha costruito un impero basandosi in gran parte su modelli di dropshipping.
- **Strategia e Implementazione:** La piattaforma ha potenziato il proprio catalogo prodotti attraverso collaborazioni con migliaia di fornitori, offrendo un'assortimento immenso senza gestire direttamente le scorte.
- **Successo e Crescita:** Grazie al dropshipping, Wayfair è stato in grado di offrire una vastissima gamma di prodotti, attrarre un ampio pubblico e scalare il business con una crescita costante.
- **Lezioni Apprese:** La diversificazione dell'offerta e una piattaforma tecnologica solida sono essenziali per gestire con successo un vasto network di fornitori e una logistica complessa nel dropshipping.

Caso 2: Zappos

- **Profilo Aziendale:** Zappos, noto rivenditore online di calzature e abbigliamento, ha un'intrigante storia che si intreccia con il modello di dropshipping.
- **Strategia e Implementazione:** Inizialmente, Zappos implementò un modello di business che non prevedeva l'immagazzinamento delle scorte, ordinate invece ai fornitori una volta ricevuto l'ordine del cliente.

- **Successo e Crescita:** Il modello ha permesso a Zappos di offrire un'ampia varietà di prodotti con un investimento di capitale relativamente basso.
- **Lezioni Apprese:** Il servizio clienti eccezionale e una spedizione rapida e gratuita sono diventati il fulcro attorno a cui Zappos ha costruito il suo successo e la sua reputazione.

Caso 3: Amazon (Primi Anni)

- **Profilo Aziendale:** Nonostante ora sia un colosso del retail, nei suoi primi anni Amazon utilizzò il dropshipping per espandere il suo catalogo.
- **Strategia e Implementazione:** Amazon ha collaborato con numerosi distributori e editori per offrire un vasto assortimento di libri, riducendo il rischio legato alla gestione delle scorte.
- **Successo e Crescita:** La strategia ha permesso ad Amazon di garantire un ampio catalogo senza immobilizzare un eccessivo capitale in inventario.
- **Lezioni Apprese:** La tecnologia e una piattaforma e-commerce robusta sono state cruciali per gestire un catalogo immenso e complesso e per offrire una customer experience eccellente.

Riflessioni Generali

Ciascuno di questi casi offre degli spunti unici su come le strategie di dropshipping, combinate con un'attenzione particolare verso il cliente e l'implementazione di tecnologie avanzate, possono dar luogo a storie di successo nel mondo del retail online. I punti in comune tra queste storie risiedono nell'importanza di una gestione sapiente dei rapporti con i fornitori, un'ottimizzazione della logistica, e una piattaforma tecnologica in grado di gestire operazioni, dati e interazioni con i clienti in modo efficiente e scalabile.

Esplorando questi casi di studio, le imprese possono assimilare non solo le strategie vincenti, ma anche comprendere le sfide e gli ostacoli che ciascuna di queste aziende ha dovuto superare nel proprio percorso, delineando così un quadro complessivo delle opportunità e delle insidie del dropshipping.

Per una conclusione dettagliata ed esaustiva del punto relativo ai casi di studio e al loro impatto ed esemplificazione nel mondo del dropshipping, si sottolinea quanto segue:

Punto Chiave 1: Le Strategie di Dropshipping

Analizzando i casi di Wayfair, Zappos e Amazon, si evidenzia l'importanza delle strategie di dropshipping nel mitigare i rischi finanziari e operativi legati alla gestione dell'inventario, permettendo nel contempo un'offerta diversificata.

Punto Chiave 2: Customer Experience

La customer experience emerge come un fattore cruciale. Zappos, ad esempio, ha dato peso a un servizio clienti eccezionale e a politiche di spedizione favorevoli, mentre Wayfair ha puntato sull'assortimento e la facilità di navigazione del sito. Ogni azienda, pur con approcci diversi, ha centralizzato l'esperienza cliente come pilastro del loro modello di business.

Punto Chiave 3: Tecnologia e Piattaforma E-commerce

La tecnologia svolge un ruolo fondamentale nel supportare e facilitare operazioni di dropshipping di vasta scala. Amazon, ad esempio, ha dovuto sviluppare una piattaforma tecnologica robusta e sofisticata per gestire il suo esteso catalogo e le complesse dinamiche logistiche e di relazione con i fornitori.

Punto Chiave 4: Gestione dei Fornitori e Logistica

La gestione delle relazioni con i fornitori e la logistica emerge come una sfida significativa nel dropshipping. La necessità di sincronizzare gli stock dei fornitori con la piattaforma di vendita, garantire la qualità dei prodotti e la rapidità delle spedizioni sono tutti aspetti che necessitano di un'attenta e sapiente gestione.

Punto Chiave 5: Scalabilità e Crescita
La scalabilità è un altro tema rilevante. Le aziende menzionate sono riuscite a scalare significativamente le loro operazioni sfruttando il modello di dropshipping, mitigando i rischi associati all'espansione dell'assortimento e dell'offerta, e all'entrata in nuovi mercati.

Implicazioni per Pratiche Future

1. **Integrazione Fornitori:** L'integrazione efficace dei fornitori nei sistemi informativi e l'adozione di pratiche di data-sharing possono ottimizzare l'accuratezza delle informazioni sullo stock e migliorare la customer experience.

2. **Tecnologia e Automazione:** L'investimento in tecnologie che automatizzino e facilitino la gestione degli ordini, l'aggiornamento degli stock e la comunicazione con i fornitori e i clienti è cruciale.

3. **Focus sulla Customer Experience:** La centralità della customer experience deve permeare tutte le decisioni, dalla scelta dei fornitori, alla definizione delle politiche di spedizione e reso, alla progettazione del sito web.

4. **Agilità Operativa:** Mantenere un'organizzazione snella e agile, in grado di adattarsi rapidamente alle dinamiche di mercato e alle esigenze dei clienti, può fornire un vantaggio competitivo.

5. **Gestione Proattiva dei Rischi:** Identificare e mitigare i rischi legati alla qualità dei prodotti, alla reputazione e alle dinamiche di mercato è fondamentale per garantire la sostenibilità del modello di business.

In sintesi, i casi studio esplorati forniscono spunti preziosi per navigare le complessità del dropshipping, mettendo in luce l'importanza di una gestione attenta e strategica delle operazioni, della tecnologia e delle relazioni con i fornitori. Incorporando queste lezioni, le imprese possono non solo evitare potenziali ostacoli ma anche sfruttare le opportunità che il modello di dropshipping presenta, massimizzando così le possibilità di successo nel dinamico mondo dell'e-commerce.

21. Errori Comuni e Come Evitarli • Lezioni apprese da altri imprenditori.

Errori Comuni nel Dropshipping e le Loro Soluzioni

1. Selezione Inadeguata dei Fornitori

- **Errore:** Scegliere fornitori senza una verifica approfondita, portando a problemi di qualità e consegna.
- **Soluzione:** Implementare un processo rigoroso di valutazione dei fornitori e stabilire una comunicazione chiara e costante con loro.

2. Carenza di Controllo Qualità

- **Errore:** Non assicurare un controllo qualità coerente dei prodotti spediti direttamente ai clienti.
- **Soluzione:** Stabilire protocolli con i fornitori per mantenere e verificare la qualità e, ove possibile, implementare un sistema di recensioni e feedback da parte dei clienti.

3. Scarsa Gestione dell'Inventario

- **Errore:** Non mantenere un controllo accurato sugli stock dei fornitori.
- **Soluzione:** Integrare sistemi di gestione dell'inventario tra il venditore e il fornitore per aggiornamenti in tempo reale sui livelli di stock.

4. Politiche di Prezzo Non Competitive

- **Errore:** Impostare prezzi che non tengono conto della concorrenza e dei margini di profitto.
- **Soluzione:** Adottare strumenti di monitoraggio dei prezzi e strategie di pricing dinamico per rimanere competitivi e garantire la redditività.

5. Negligenza nel Servizio Clienti

- **Errore:** Non dare priorità al servizio clienti e alla gestione delle aspettative.
- **Soluzione:** Costruire un team di supporto clienti efficace e implementare sistemi CRM per gestire e risolvere prontamente le problematiche dei clienti.

6. Inefficienze nella Logistica

- **Errore:** Non ottimizzare i tempi e i costi di spedizione.
- **Soluzione:** Collaborare strettamente con i fornitori per minimizzare i tempi di spedizione e esplorare varie opzioni logistiche.

7. Insufficiente Presenza Online

- **Errore:** Non investire sufficientemente in SEO e presenza sui social media.
- **Soluzione:** Implementare una robusta strategia di marketing digitale, utilizzando SEO, SEM e social media marketing per guidare il traffico verso il sito web.

8. Catalogo Prodotti Non Differenziato

- **Errore:** Offrire prodotti simili o identici a numerosi altri rivenditori.
- **Soluzione:** Differenziare l'offerta, selezionando prodotti unici o creando bundle esclusivi.

9. Mancanza di Analisi dei Dati

- **Errore:** Non utilizzare i dati per guidare le decisioni aziendali.
- **Soluzione:** Investire in analytics e utilizzare i dati per ottimizzare l'assortimento, il pricing, e le strategie di marketing.

10. Non Essere Preparati per la Scalabilità

markdownCopy code
- **Errore:** Non avere sistemi e processi che possano gestire l'aumento della domanda. - **Soluzione:** Costruire un'infrastruttura tecnologica e operativa che sia flessibile e in

grado di scalare in base alle necessità del business.

Conclusioni

Gli errori comuni nel dropshipping spesso ruotano attorno alla gestione dei fornitori, alla qualità dei prodotti, alle strategie di prezzo, e alla soddisfazione del cliente. Prendendo lezioni dai fallimenti e dai successi di altri, e adottando un approccio metodico e basato sui dati, gli imprenditori possono navigare efficacemente attraverso le sfide del dropshipping, evitando trappole comuni e costruendo un business e-commerce sostenibile e di successo.

La questione degli errori nel dropshipping e come evitarli è fondamentale per la sostenibilità e il successo di un'impresa e-commerce. I punti menzionati nei dettagli precedenti hanno delineato vari ambiti problematici comuni nell'industria del dropshipping e hanno proposto soluzioni strategiche per ogni area problematica. Ecco una panoramica e alcune riflessioni chiave per concludere il punto:

Recapitulazione e Riflessioni Finali

🌐 Impatto Globale degli Errori

- Gli errori nel dropshipping non solo influenzano un singolo aspetto operativo ma possono avere ripercussioni a catena sull'intero ecosistema del business, influenzando negativamente la reputazione del brand, la soddisfazione del cliente, e i margini di profitto.

🔁 Correlazioni tra Errori e Aree Aziendali

- Un errore in un'area, come la selezione del fornitore, può indurre problematiche in altre aree come la gestione delle scorte e il servizio clienti, mostrando che le aree aziendali nel dropshipping sono strettamente interconnesse e devono quindi essere gestite con un approccio olistico.

🛒 Centricità del Cliente

- Molteplici errori comuni ruotano attorno alla soddisfazione del cliente. La centratura su di esso, assicurando che ogni fase del percorso del cliente sia ottimizzata e priva di intoppi, è essenziale per mantenere e crescere una base di clienti leale.

📊 Data-Driven Management

- L'importanza dei dati per prevenire gli errori e ottimizzare le operazioni non può essere sottolineata abbastanza. Adottare un approccio guidato dai dati permette di fare scelte informate e proattive nel gestire il business.

🚀 Preparazione e Adattabilità

- Gli errori spesso derivano da una mancanza di preparazione o da una comprensione inadeguata del mercato e delle sue dinamiche. Pertanto, essere preparati, flessibili e in grado di adattarsi rapidamente ai cambiamenti è fondamentale.

💡 Apprendimento Continuo

- Apprendere dagli errori – siano essi propri o altrui – e implementare quegli apprendimenti nel business è cruciale per evitare la ripetizione degli stessi e per migliorare continuamente.

Conclusione

Gli errori nel mondo del dropshipping sono quasi inevitabili, data la complessità dell'operare in un ambiente e-commerce in evoluzione e con variabili spesso fuori dal controllo diretto dell'impresa. Tuttavia, attraverso l'identificazione proattiva di questi errori comuni e la sistematica implementazione di strategie e protocolli per prevenirli e mitigarli, gli imprenditori possono notevolmente ridurre il loro impatto negativo e aumentare le probabilità di successo del loro business.

Implementare una gestione olistica e centrata sul cliente, mantenere un forte controllo qualità, utilizzare un approccio basato sui dati, e rimanere agili e adattabili di fronte ai cambiamenti e alle sfide, emerge come pilastro fondamentale per la sostenibilità e la crescita nel dropshipping. Inoltre, l'apprendimento continuo e l'adozione di lezioni apprese non solo dai successi ma anche dagli errori, proprio e di altri, rappresenta la chiave per evolvere e innovare continuamente in un'industria così dinamica e competitiva come quella dell'e-commerce.

22. Sostenibilità e Etica • Responsabilità sociale d'impresa.

La sostenibilità e l'etica nelle operazioni aziendali, specialmente nel contesto del dropshipping, possono essere considerate da diverse angolazioni, tra cui la scelta di prodotti, il comportamento dei fornitori, e la gestione delle operazioni. Queste considerazioni portano avanti l'idea della Responsabilità Sociale d'Impresa (RSI), che si basa sul concetto che le imprese dovrebbero operare in modo tale da garantire un impatto positivo sulla società e sull'ambiente, oltre che perseguire i profitti.

Importanza della Sostenibilità e dell'Etica nel Dropshipping

🌿 Impronta Ambientale

- Le decisioni aziendali, in particolare quelle relative alle pratiche di spedizione e produzione, hanno un impatto diretto sull'ambiente. Adottare strategie che minimizzano l'impronta ecologica, come la riduzione delle emissioni e l'uso di materiali sostenibili, è vitale per promuovere la sostenibilità.

👥 Rapporti con i Stakeholder

- La gestione etica delle relazioni con i clienti, i fornitori e i dipendenti guida una reputazione aziendale positiva e incoraggia relazioni a lungo termine, favorendo un ambiente di lavoro più positivo e un rapporto più solido con i clienti e i partner commerciali.

☑ Vantaggio Competitivo

- Essere una marca etica e sostenibile può anche agire come un differenziatore nel mercato, attirando clienti che danno valore alla responsabilità sociale e all'etica delle aziende con cui scelgono di interagire.

🔄 Sostenibilità a Lungo Termine

- L'adozione di pratiche aziendali sostenibili e etiche assicura che l'impresa sia costruita su fondamenta solide e sia pertanto più propensa a prosperare e ad essere resiliente di fronte a sfide e crisi.

Implementazione della Sostenibilità e dell'Etica nel Dropshipping

1. Selezione Etica dei Fornitori

- Scegliere fornitori che si impegnano in pratiche etiche e sostenibili, verificando il loro approccio alla manodopera, all'ambiente, e alla produzione.

2. Offerta di Prodotti Sostenibili

- Includere nel catalogo prodotti realizzati con materiali eco-friendly, prodotti riutilizzabili o che sostengono pratiche sostenibili.

3. Pratiche di Spedizione Verde

- Adottare e promuovere opzioni di spedizione eco-compatibili e ridurre il packaging o utilizzare materiali di imballaggio riciclati e riciclabili.

4. Transparenza

- Essere trasparenti riguardo alle pratiche aziendali, fornitori e processi di produzione al fine di costruire fiducia con i consumatori e gli stakeholder.

5. Iniziative di RSI

- Engage in iniziative di responsabilità sociale, come donazioni a enti di beneficenza, programmi di volontariato o partnership con organizzazioni non profit.

6. Assicurazione Qualità

- Mantenere standard elevati di qualità per garantire che i prodotti siano duraturi e non contribuiscano inutilmente allo spreco.

Riflessione Finale

L'integrazione della sostenibilità e dell'etica nelle operazioni di dropshipping non è solo un imperativo morale ma anche una mossa strategica, in quanto i consumatori diventano sempre più consapevoli e esigenti riguardo alle pratiche aziendali delle imprese con cui fanno affari. Esplorare e implementare attivamente strategie che riflettano un impegno nei confronti della sostenibilità e dell'etica garantisce non solo il benessere delle comunità e dell'ambiente ma anche la vitalità e la resilienza del business nel lungo termine. La fusione di prassi operative intelligenti con una sincera dedizione alla responsabilità sociale d'impresa può realmente posizionare un'azienda come leader nel panorama e-commerce e dropshipping, navigando con successo attraverso le sfide del presente e del futuro.

23. Gestione delle Recensioni e Feedback • Gestione della reputazione online.

La gestione delle recensioni e dei feedback è cruciale per il successo di un'azienda che opera nel settore del dropshipping, dove la reputazione online può essere un fattore chiave che influenza le decisioni d'acquisto dei clienti. In un ambiente digitale in cui le opinioni dei clienti sono facilmente accessibili e visibili a un ampio pubblico, mantenere una reputazione solida e positiva è essenziale.

Significatività delle Recensioni e dei Feedback nel Dropshipping

🛒 **Influenza sul Comportamento d'Acquisto**

- Le recensioni dei clienti influenzano fortemente le decisioni di altri acquirenti, offrendo una prova sociale della qualità e dell'affidabilità dei prodotti e servizi offerti.

📊 Miglioramento Continuo

- Il feedback dei clienti fornisce preziosi insight che possono essere utilizzati per apportare miglioramenti continui a prodotti e servizi.

🔄 Ciclo di Fidelizzazione del Cliente

- Gestire in modo efficace i feedback e risolvere i problemi può trasformare i clienti insoddisfatti in avvocati del brand e incentivare la lealtà del cliente.

Gestione Efficace delle Recensioni e Feedback nel Dropshipping

1. Monitoraggio Attivo

- Utilizzare strumenti e piattaforme per monitorare attivamente le recensioni e i feedback su vari canali online.

2. Risposta Tempestiva

- Assicurarsi di rispondere ai feedback e alle recensioni in modo tempestivo, mostrando che l'azienda valorizza le opinioni dei clienti.

3. Risolvere Problemi con Proattività

- Affrontare eventuali problemi o reclami espressi nelle recensioni in modo proattivo e costruttivo.

4. Generare Recensioni Positive

- Incentivare e facilitare i clienti soddisfatti a lasciare recensioni positive attraverso promozioni o programmi di fedeltà.

5. Utilizzare Feedback per Innovazione

- Analizzare i feedback dei clienti per identificare opportunità di innovazione e miglioramento del prodotto.

6. Creazione di Casistiche

- Utilizzare recensioni e feedback positivi come case study o testimonianze per il marketing e la prova sociale.

7. Gestione delle Recensioni Negative

- Approcciare le recensioni negative con empatia e offrire soluzioni pratiche per rettificare eventuali problemi.

Sfruttare Recensioni e Feedback per la Crescita Aziendale

Implementando un solido sistema di gestione delle recensioni e dei feedback, le aziende nel settore del dropshipping possono non solo gestire e migliorare la loro reputazione online ma anche utilizzare questi preziosi input per informare le strategie di prodotto e servizio, migliorare la customer experience, e costruire relazioni più forti con i clienti.

Un dialogo costante e costruttivo con i clienti attraverso recensioni e feedback aiuta a creare un'immagine di un'azienda che si preoccupa dei propri clienti e che è impegnata nella fornitura di un valore eccezionale. Inoltre, questa interazione costante può offrire alle aziende insight strategici per navigare meglio nel mercato, adattare le offerte di prodotti, e implementare innovazioni che soddisfano e superano le aspettative dei clienti. Essenzialmente, la gestione attenta e strategica delle recensioni e dei feedback non solo protegge ma eleva la reputazione di un'azienda nel panorama competitivo del dropshipping.

24. Fidelizzazione della Clientela • Strategie per mantenere i clienti.

La fidelizzazione della clientela è una componente cruciale per la stabilità e la crescita di un'impresa di dropshipping, o di qualsiasi altro business. Il mantenimento dei clienti è spesso più economico e redditizio che acquisirne di nuovi, motivo per cui le strategie di fidelizzazione sono essenziali per creare relazioni durature e profittevoli con i clienti.

Importanza della Fidelizzazione della Clientela

- **Costi Ridotti:** Acquisire un nuovo cliente può costare fino a cinque volte più che mantenere un cliente esistente.
- **Aumento delle Vendite:** I clienti fedeli tendono a comprare di più e più spesso.

- **Passaparola Positivo:** I clienti soddisfatti e leali sono più propensi a raccomandare l'azienda ad amici e famiglia, fornendo una preziosa pubblicità gratuita.

Strategie Efficaci per la Fidelizzazione dei Clienti nel Dropshipping

1. Esperienza Cliente di Alta Qualità

- Fornire un'esperienza cliente eccellente dal primo clic al post-acquisto. La navigazione intuitiva, il checkout semplice e il servizio clienti efficiente sono tutti aspetti fondamentali.

2. Programmi di Fedeltà

- Creare programmi di fedeltà che ricompensano i clienti per ripetuti acquisti, ad esempio attraverso punti, sconti o regali esclusivi.

3. Supporto Cliente Eccellente

- Offrire un servizio clienti impeccabile, fornendo risposte tempestive, accurate e risolutive a qualsiasi problema o domanda.

4. Comunicazioni Personalizzate

- Utilizzare le email marketing e le notifiche per offrire comunicazioni mirate e personalizzate basate sulle preferenze e sul comportamento d'acquisto del cliente.

5. Politiche di Reso Chiare e Facili

- Una politica di reso chiara e semplice può incrementare la fiducia del cliente e la propensione all'acquisto.

6. Offerte Esclusive per Clienti Abituali

- Creare offerte e promozioni esclusive per i clienti che hanno effettuato acquisti in passato, mostrando apprezzamento per la loro lealtà.

7. Chiedere Feedback e Agire di Conseguenza

- Sollecitare feedback dai clienti e, cosa fondamentale, mostrare che l'azienda agisce su tali feedback per migliorare.

8. Creare una Community

- Costruire una community attraverso i social media o forum, creando un senso di appartenenza tra i clienti e l'azienda.

9. Mostrare Autenticità e Trasparenza

- Essere trasparenti riguardo le pratiche aziendali e mostrare l'autenticità del brand possono consolidare la fiducia del cliente.

10. Curare l'Unboxing Experience

- L'esperienza di unboxing, ovvero l'apertura del pacco, dovrebbe essere memorabile e piacevole, rafforzando una percezione positiva del brand.

Sviluppo Continuo delle Strategie di Fidelizzazione

È vitale per una strategia di fidelizzazione essere in continua evoluzione. Le esigenze e le aspettative dei clienti cambiano, e le strategie devono adattarsi di conseguenza. Monitorare costantemente i dati e i feedback dei clienti, e essere pronti a modificare e ottimizzare le strategie esistenti, è fondamentale per mantenere una base di clienti soddisfatta e leale.

In conclusione, la fidelizzazione della clientela dovrebbe essere un elemento chiave nella strategia complessiva di qualsiasi impresa di dropshipping. Coltivare relazioni positive e durature con i clienti non solo aumenta la longevità e la redditività dell'azienda ma eleva anche il brand nel panorama di mercato, stabilizzando la sua presenza e rinforzando la sua reputazione.

25. Tools e Risorse • Strumenti utili per il dropshipping.

Nel mondo del dropshipping, l'uso di tools e risorse adeguati è essenziale per automatizzare, ottimizzare e semplificare varie operazioni quotidiane. Di seguito, vengono delineati alcuni strumenti utili che possono essere categorizzati in diversi ambiti operativi del dropshipping.

Ricerca di Mercato e Prodotti

1. **Oberlo:** Aiuta a trovare prodotti da vendere online offrendo anche dati come le vendite, il numero di importazioni, e le visualizzazioni di un prodotto.
2. **Google Trends:** Permette di analizzare la popolarità di termini di ricerca su Google e

comprendere l'evoluzione nel tempo della domanda di specifici prodotti o nicchie.

Creazione e Gestione del Negozio Online

3. **Shopify:** Una delle piattaforme e-commerce più popolari che offre un'integrazione semplice con vari canali di vendita e strumenti di dropshipping.

4. **WooCommerce:** Un plugin di WordPress che consente di trasformare un sito in un negozio online, fornendo la libertà di personalizzare ampiamente il tuo e-commerce.

Gestione delle Operazioni

5. **Orderhive:** Offre una soluzione integrata per la gestione degli ordini, l'inventario, e la spedizione.

6. **Zoho Inventory:** Aiuta a gestire l'inventario e gli ordini, e ad integrare il negozio online con diversi marketplaces.

Marketing e SEO

7. **Mailchimp:** Strumento per la gestione delle campagne email marketing, permettendo di creare, inviare e analizzare le email promozionali.

8. **SEMrush:** Offre una serie di strumenti per migliorare la SEO, creare contenuti di qualità, e fare ricerca sulla concorrenza.

Gestione della Customer Experience

9. **Zendesk:** Soluzione per la gestione del servizio clienti che permette di rispondere tempestivamente alle richieste attraverso vari canali.

10.   **Tidio:** Offre una chat dal vivo e bot per rispondere alle domande dei clienti in modo automatico e in tempo reale.

Analisi dei Dati

11. **Google Analytics:** Strumento essenziale per analizzare il traffico del sito web e comprendere il comportamento degli utenti.

12. **Hotjar:** Permette di visualizzare mappe termiche del sito web e di registrare sessioni degli utenti per capire come navigano nel negozio online.

Gestione delle Finanze

13. **QuickBooks:** Strumento di contabilità che aiuta a tenere traccia delle finanze, fatturazione, e pagamenti.

14. **Wave:** Soluzione finanziaria che offre strumenti per la fatturazione, contabilità, e pagamenti.

Pubblicità e Social Media

15. **Facebook Ads Manager:** Per gestire e ottimizzare campagne pubblicitarie su Facebook e Instagram.

16. **Canva:** Strumento di design che offre template e strumenti per creare contenuti visivi per i social media, il sito web, e altro.

Legali e Conformità

17. **LegalZoom:** Fornisce servizi legali online per le aziende, come la creazione di entità legali o la registrazione di marchi.

18.   **Avalara:** Aiuta le aziende a gestire la tassazione e la conformità fiscale.

In conclusione, mentre gli strumenti sopra menzionati sono ampiamente utilizzati nel settore del dropshipping, la scelta degli strumenti ideali potrebbe variare in base alle specifiche esigenze del business e alle preferenze personali. È pertanto consigliabile sperimentare con vari tools e utilizzare combinazioni di questi per ottenere un flusso di lavoro efficiente e ottimale.

26. Tendenze Future del Dropshipping • Previsioni e opportunità future.

Le tendenze future nel settore del dropshipping possono essere ispezionate da vari angoli, considerando l'evoluzione tecnologica, i cambiamenti nelle abitudini di consumo, e l'innovazione in diversi settori correlati come logistica e produzione. Di seguito, vengono presentate alcune previsioni e opportunità future che potrebbero caratterizzare il mondo del dropshipping nei prossimi anni.

1. Integrazione della Tecnologia Blockchain

La blockchain potrebbe entrare prepotentemente nel settore del dropshipping, fornendo soluzioni per migliorare la trasparenza e la tracciabilità delle transazioni e delle spedizioni. La tecnologia potrebbe essere utilizzata per confermare e verificare l'autenticità dei prodotti e per creare smart contracts tra venditori, fornitori e clienti, semplificando le transazioni e riducendo i rischi di frodi.

2. Personalizzazione e Customizzazione

Il desiderio dei consumatori per prodotti personalizzati e customizzati potrebbe accrescere, spingendo i dropshippers a cercare fornitori che offrano opzioni di personalizzazione. La tecnologia di stampa 3D, ad esempio, potrebbe giocare un ruolo chiave, permettendo la produzione su richiesta di articoli personalizzati.

3. Sostenibilità e Produzione Etica

Il focus su prassi sostenibili e produzione etica è previsto intensificarsi. I consumatori stanno diventando sempre più consapevoli dell'impatto ambientale dei loro acquisti e potrebbero preferire aziende che offrono prodotti eco-friendly e che adottano pratiche di business sostenibili e etiche.

4. Intelligenza Artificiale e Automazione

L'uso di Intelligenza Artificiale (IA) e automazione sarà probabilmente amplificato nel dropshipping. Gli algoritmi di IA potrebbero essere utilizzati per analizzare i dati dei clienti e prevedere tendenze, mentre i chatbot potrebbero migliorare il servizio clienti. L'automazione può anche essere implementata in varie operazioni, dall'ordine alla gestione dell'inventario e della spedizione.

5. Multicanalità e Cross-Channel

La presenza su più piattaforme di vendita (multicanalità) e la creazione di un'esperienza di acquisto omogenea attraverso diversi canali (cross-channel) diventeranno essenziali. L'integrazione tra negozio online, marketplace e piattaforme social potrebbe diventare la norma, con strategie coordinate su tutti i canali.

6. Esperienze di Acquisto Immersive

L'adozione di tecnologie come la Realtà Aumentata (AR) potrebbe trasformare l'esperienza di acquisto online, permettendo ai clienti di "provare" o visualizzare i prodotti in un contesto 3D o nel loro ambiente reale prima dell'acquisto. Questo potrebbe particolarmente influenzare settori come l'arredamento o la moda.

7. Velocizzazione delle Spedizioni

La richiesta per consegne sempre più rapide è in crescita. L'implementazione di soluzioni logistiche innovative, come l'uso di droni per la consegna o l'adozione di un network di magazzini locali per ridurre i tempi di spedizione, potrebbe emergere come una tendenza significativa.

8. Micro-Niche e Specializzazione

La focalizzazione su micro-niche specifiche, offrendo prodotti unici o specializzati, può diventare un modo per i dropshippers di differenziarsi nel mercato saturato e attrarre segmenti di clientela ben precisi.

Conclusione

Considerando le suddette tendenze, per i dropshippers sarà fondamentale mantenere un approccio flessibile e adattabile, essendo pronti a implementare nuove tecnologie e a modificare le strategie in base all'evoluzione del mercato e delle aspettative dei consumatori. La costante analisi del mercato, la sperimentazione e l'apprendimento continueranno ad essere componenti chiave per il successo nel futuro del dropshipping.

27. Collaborazioni e Partnership • Costruzione di relazioni commerciali.

Collaborazioni e Partnership nel Dropshipping: Costruzione di Relazioni Commerciali

La creazione e gestione di collaborazioni e partnership rappresentano aspetti cruciali nel mondo del dropshipping, e più in generale, in ogni settore dell'imprenditoria. La costruzione di relazioni commerciali forti non solo può ampliare la rete di contatti e opportunità di un'azienda, ma può anche offrire vantaggi tangibili in termini di risorse condivise, competenze combinate, e accesso a nuovi mercati e clienti. Esploriamo alcuni aspetti chiave e strategie legate alla costruzione e gestione delle collaborazioni e partnership nel dropshipping.

1. Identificazione di Partner Strategici
La selezione di partner adatti, che condividano valori, obiettivi e una visione simile alla tua azienda, è fondamentale. L'analisi dovrebbe considerare il valore aggiunto che ciascun partner può portare alla tua attività e viceversa, garantendo una relazione reciprocamente vantaggiosa.

2. Costruzione di Relazioni con i Fornitori
Nel dropshipping, i fornitori sono partner chiave. Stabilire e mantenere una buona relazione con loro assicura non solo l'accesso a prodotti di qualità, ma anche la potenziale negoziazione di termini favorevoli, come prezzi competitivi, condizioni di pagamento flessibili e supporto nelle fasi di gestione degli ordini e delle spedizioni.

3. Collaborazioni Cross-Promozionali
Le partnership possono anche avvenire con altre aziende per attuare strategie di marketing congiunte. Le collaborazioni cross-promozionali, come eventi, giveaway o campagne pubblicitarie

congiunte, possono permettere alle aziende di raggiungere nuovi pubblici e condividere le risorse e i costi promozionali.

4. Affiliazioni e Programmi di Fidelizzazione
Collaborare con affiliati e influencer per ampliare la portata del tuo brand potrebbe essere un'ottima strategia. I programmi di affiliazione premiano i partner per il traffico e le vendite generate attraverso i loro canali, creando una win-win situation.

5. Network e Comunità di Settore
Partecipare attivamente in network e comunità del tuo settore può offrire opportunità di connessione con potenziali partner. Partecipare a fiere, eventi e forum online offre visibilità e permette di entrare in contatto con professionisti e aziende con interessi e obiettivi affini.

6. Joint Ventures e Progetti Condivisi
Creare joint ventures o sviluppare progetti condivisi può unire le competenze e le risorse di più entità. Che si tratti di sviluppare un nuovo prodotto o di entrare in un nuovo mercato, un'azione congiunta può ridurre i rischi e aumentare le competenze e le risorse disponibili.

7. Partnership Tecnologiche
Nel mondo digitale, le partnership tecnologiche sono sempre più rilevanti. Collaborare con aziende tecnologiche o piattaforme e-commerce può portare a innovazioni e miglioramenti nelle

operazioni di dropshipping, dalla gestione dell'inventario all'esperienza cliente.

8. Compliance e Standard Qualitativi

Garantire che le partnership siano in linea con gli standard qualitativi e di compliance della tua azienda è fondamentale per mantenere l'integrità del brand e la soddisfazione del cliente.

9. Contratti e Accordi Legalmente Solidi

Strutturare accordi e contratti che siano chiari, equi e in linea con le leggi locali e internazionali è essenziale per prevenire malintesi e proteggere gli interessi della tua azienda.

10. Misurazione e Valutazione delle Partnership

Valutare regolarmente le partnership attraverso KPI e feedback permette di assicurare che esse restino vantaggiose e allineate agli obiettivi aziendali.

Conclusione

Le partnership e le collaborazioni, se gestite efficacemente, possono offrire nuove opportunità, fortificare la posizione sul mercato e portare a crescita e innovazione. Mantenere un approccio aperto, etico e trasparente nelle relazioni commerciali e garantire una comunicazione costante e costruttiva sono principi fondamentali per gestire con successo le collaborazioni nel tempo.

28. Aspetti Psicologici del Consumatore •
Comprendere il comportamento del
consumatore.

**Aspetti Psicologici del Consumatore:
Comprendere il Comportamento del
Consumatore nel Dropshipping**

Per navigare con successo nel mondo del
dropshipping, comprendere il comportamento
del consumatore e i vari fattori psicologici che
influenzano le loro decisioni di acquisto è
fondamentale. La psicologia del consumatore è
un campo complesso e multifaccettato che
esplora come i sentimenti, le credenze e le
percezioni dei consumatori influenzino il loro
modo di relazionarsi con i prodotti e i brand.
Diverse strategie basate sulla psicologia possono
essere applicate nel dropshipping per ottimizzare
la presentazione dei prodotti, la comunicazione
con i clienti e la creazione di un'esperienza
cliente coinvolgente e gratificante.

Comprendere il Percorso del Cliente

Analizzare e capire il percorso che il cliente segue
dal riconoscimento di un bisogno fino
all'acquisto effettivo è essenziale. Comprendere le
diverse fasi del customer journey, inclusi i punti

di contatto e le possibili barriere all'acquisto, può
aiutare a ottimizzare marketing e strategie di
vendita.

Leva dell'Emozione e della Razionalità

I consumatori sono guidati da una combinazione
di fattori emotivi e razionali quando effettuano
acquisti. Mentre alcuni prodotti possono essere
acquistati sulla base delle emozioni (come un
capo di abbigliamento), altri possono essere
guidati da una decisione più razionale (come un
elettrodomestico). Comprendere e alloggiare
entrambi gli aspetti nel tuo marketing e nelle tue
descrizioni di prodotto può essere utile.

Efficacia del Pricing Psicologico

Il modo in cui i prezzi sono presentati e
strutturati può avere un impatto significativo
sulle decisioni di acquisto. Strategie come il
charm pricing (es. €9,99 invece di €10,00) o
offerte bundle possono incentivare i clienti ad
acquistare.

Creare un'Esperienza Cliente Positiva

Dal primo impatto con il tuo sito e-commerce
fino alla conclusione dell'acquisto, ogni
interazione conta. Un'esperienza utente intuitiva,
informazioni prodotto chiare e dettagliate, e un
processo di checkout semplice e sicuro possono
influenzare positivamente la percezione del
cliente.

Reciprocità e Premi

I principi di reciprocità indicano che le persone tendono a voler ricambiare un favore. Offrire qualcosa di valore, come sconti o contenuti esclusivi, può motivare i clienti a concludere un acquisto o a ritornare nel tuo e-commerce in futuro.

Social Proof e Recensioni

La prova sociale, sotto forma di recensioni, testimonianze e segnalazioni di altri clienti, può fungere da potente leva persuasiva, fornendo rassicurazione e validazione della qualità dei prodotti offerti.

Urgenza e Scarsità

Creare un senso di urgenza o di scarsità attraverso offerte limitate nel tempo o prodotti a stock limitato può incentivare i clienti a prendere decisioni di acquisto più rapidamente.

Coerenza e Impegno

I clienti che hanno compiuto un primo piccolo passo, come iscriversi a una newsletter o creare un account, sono più propensi a compiere ulteriori azioni coerenti con quella iniziale, come effettuare un acquisto.

Conclusione

Integrare la comprensione degli aspetti psicologici del consumatore nelle strategie di dropshipping è essenziale per costruire un brand solido e relazioni cliente durature. Attraverso l'adattamento delle strategie di marketing e comunicazione alle preferenze e ai comportamenti dei consumatori, è possibile creare un'esperienza di acquisto più allineata con le loro aspettative e bisogni, promuovendo la fedeltà e aumentando le conversioni.

Al fine di elaborare ulteriormente sugli aspetti psicologici del comportamento del consumatore, si potrebbe sottolineare l'importanza dei colori e del design nel percorso di acquisto. I colori, ad esempio, non solo attraggono l'attenzione ma influenzano anche l'umore e le emozioni, e quindi la percezione del brand e la decisione di acquisto. Un sito di e-commerce e le pagine dei prodotti dovrebbero quindi essere progettati con colori che risuonano con il pubblico target e che sono coerenti con il messaggio del brand e con le emozioni che si desidera evocare. Parallelamente, la semplificazione del processo decisionale del cliente attraverso un design intuitivo e una user experience (UX) ottimizzata non può essere sottovalutata. In un mercato online sempre più saturo, facilitare la navigazione del cliente attraverso un sito intuitivo, descrizioni chiare dei prodotti e CTA (call-to-action) visibili, può determinare la differenza tra il completamento di un acquisto e l'abbandono del carrello.

Un altro punto cruciale è la personalizzazione dell'esperienza di acquisto. Le tecniche di personalizzazione, come la raccomandazione di prodotti basata su acquisti e visualizzazioni precedenti, possono aumentare significativamente le conversioni e costruire una relazione più personale tra il brand e il consumatore. Offrire suggerimenti pertinenti e personalizzati può non solo facilitare ulteriori acquisti ma anche aumentare la percezione di valore del cliente, poiché percepisce che il brand comprende e anticipa i suoi bisogni e desideri.

È fondamentale anche considerare gli effetti delle tendenze sociali e culturali sul comportamento d'acquisto. Il consumatore moderno è spesso altamente informato e socialmente consapevole, pertanto, le pratiche etiche e sostenibili, come l'uso di materiali ecologici o la produzione etica, possono influenzare positivamente la percezione del brand e la propensione all'acquisto.

Inoltre, l'elaborazione di strategie che sfruttano il principio della familiarità - cioè la tendenza delle persone a preferire ciò che conoscono - può anch'essa risultare vantaggiosa. Ciò può essere realizzato attraverso una comunicazione di marca costante e coerente e l'esposizione ripetuta, che può aumentare la riconoscibilità del brand e costruire fiducia nel tempo.

Anche la trasparenza e l'onesta' sono fondamentali nel formare un legame solido con i consumatori. Essere trasparenti riguardo alle pratiche aziendali, i prezzi e le politiche di spedizione e reso può instaurare un senso di fiducia e lealtà tra il brand e il cliente.

D'altro canto, l'importanza della gestione post-acquisto e del servizio clienti non deve essere trascurata. Fornire assistenza post-vendita, come servizio clienti di alta qualità, facilità di reso e garanzie, può non solo minimizzare le esperienze negative ma anche trasformare un'esperienza negativa in una positiva, favorendo la ritenzione del cliente.

In sostanza, integrando principi psicologici con una solida comprensione del consumatore e delle sue aspettative, un'impresa di dropshipping può creare strategie efficaci che non solo convertono i visitatori in clienti ma anche promuovono la ritenzione e la lealtà dei clienti a lungo termine. Tuttavia, è essenziale mantenere un approccio centrato sul cliente e rimanere flessibili e reattivi alle sue esigenze e comportamenti in continua evoluzione.

Concludendo il punto sulle dinamiche psicologiche del comportamento del consumatore nel contesto del dropshipping e del commercio elettronico, è essenziale sottolineare come la comprensione profonda delle motivazioni, delle esigenze e delle aspettative del cliente si intrecci in maniera indissolubile con ogni aspetto dell'esperienza di acquisto online.

In primo luogo, la prima impressione è cruciale. L'interfaccia utente e l'esperienza utente (UI/UX) devono essere intuitive e piacevoli, e la scelta dei colori, delle immagini e dei font devono essere non solo esteticamente gradevoli, ma anche costruiti in modo da rispecchiare i valori e l'immagine del brand, così da colpire e attrarre il target demografico desiderato. La facilità di navigazione e la chiarezza delle informazioni presentate, comprese quelle relative ai prodotti, alle politiche di spedizione e reso, e ai prezzi, sono fondamentali per ridurre il tasso di abbandono del carrello e ottimizzare il tasso di conversione.

Successivamente, l'integrazione di strategie di personalizzazione dell'esperienza utente rappresenta un pilastro nel fornire un'esperienza unica e mirata. L'utilizzo di algoritmi e tecnologie che tracciano e analizzano il comportamento dell'utente sul sito, come le pagine visitate, i prodotti visualizzati e acquistati, permette di creare un profilo utente che può essere utilizzato per fornire raccomandazioni di prodotto pertinenti e per personalizzare ulteriormente le comunicazioni di marketing, incrementando la rilevanza e, di conseguenza, l'efficacia delle strategie di vendita e promozionali.

Inoltre, considerando la consapevolezza crescente dei consumatori riguardo alle questioni etiche e ambientali, adottare e comunicare chiaramente pratiche commerciali sostenibili ed etiche non solo migliora l'immagine del brand agli occhi dei consumatori ma contribuisce anche a formare un legame emotivo e un senso di fedeltà tra il cliente e il brand, specialmente se questi valori sono condivisi e ritenuti importanti dal consumatore.

L'importanza dell'onesta' e della trasparenza in tutte le comunicazioni e interazioni con i clienti non può essere sottolineata a sufficienza. Essere trasparenti riguardo alle pratiche aziendali, alle politiche di prezzo, spedizione e reso, e fornire informazioni chiare e veritiere sui prodotti può stabilire un rapporto di fiducia e credibilità con il cliente, che è fondamentale per costruire una relazione a lungo termine e per incentivare acquisti futuri e la ritenzione del cliente.

In fine, il post-vendita e la gestione delle relazioni con i clienti (CRM) non devono essere sottovalutati. Fornire assistenza e supporto dopo

l'acquisto, gestire in modo efficiente e rapido
eventuali problemi o reclami, e fornire un
processo di reso semplice e senza problemi sono
tutti aspetti che contribuiscono
significativamente alla soddisfazione del cliente e
possono trasformare un'esperienza di acquisto
una tantum in una relazione cliente-brand
duratura.

Questi sono solo alcuni degli aspetti
fondamentali che riguardano la psicologia del
consumatore nel contesto dell'e-commerce e del
dropshipping. L'integrazione di queste
considerazioni nello sviluppo delle strategie di
marketing e vendita, e la loro attuazione coerente
attraverso tutti i punti di contatto con il cliente,
possono notevolmente migliorare la performance
di un'attività di dropshipping e contribuire a
stabilire un posizionamento solido e distintivo
nel mercato.

29. Finanza e Gestione del Capitale • Gestione
finanziaria e flusso di cassa.

La gestione finanziaria e il flusso di cassa sono
componenti cruciali nella conduzione di
un'attività di dropshipping, così come in ogni
altro tipo di impresa. Per mantenere la stabilità e
la sostenibilità del business, l'imprenditore deve
prestare particolare attenzione all'ottimizzazione

delle entrate, al controllo delle spese, e alla pianificazione finanziaria a breve e lungo termine.

Pianificazione e Budgeting

Il primo step nella gestione finanziaria è la pianificazione e l'istituzione di un budget operativo. Creare un budget e una previsione finanziaria accurata e realistica aiuta a stabilire obiettivi chiari e fornisce una bussola per navigare attraverso le sfide finanziarie e le decisioni di spesa. È fondamentale considerare tutte le spese previste, come i costi dei beni venduti (COGS), le spese operative, le spese per il marketing e la pubblicità, e qualsiasi altra spesa variabile o fissa che l'attività potrebbe incontrare.

Monitoraggio del Flusso di Cassa

Il flusso di cassa, che rappresenta l'ammontare netto di denaro entrante ed uscente da un'impresa, deve essere strettamente monitorato per assicurare la liquidità necessaria per coprire le spese operative e per fare fronte a eventuali imprevisti. Utilizzare strumenti e software di gestione finanziaria può semplificare il tracciamento delle entrate e delle uscite, e fornire un'analisi dettagliata della salute finanziaria dell'azienda.

Gestione delle Spese

Una gestione oculata delle spese è essenziale per mantenere la sostenibilità finanziaria del business. Questo include l'ottimizzazione dei costi di acquisto, la negoziazione con i fornitori per termini di pagamento favorevoli, e il mantenimento di un margine di profitto sano su ogni vendita. Inoltre, monitorare e analizzare periodicamente le spese operative e di marketing permette di identificare aree di possibile risparmio o di ri-allocazione delle risorse per massimizzare il ROI.

Riserve Finanziarie

È consigliabile mantenere una riserva finanziaria per coprire eventuali spese impreviste o periodi di flussi di cassa negativi. Avere un cuscino finanziario può fare la differenza tra navigare attraverso periodi finanziari difficili e dover chiudere l'attività.

Investimenti Strategici

Effettuare investimenti strategici è un aspetto fondamentale per far crescere e scalare l'attività. Ciò può includere investimenti in tecnologia, marketing, o in altre aree che potrebbero aumentare l'efficienza operativa o ampliare la portata del mercato. Ogni investimento deve essere valutato attentamente per comprendere i potenziali ritorni e i rischi associati.

Analisi Finanziaria

Condurre regolari analisi finanziarie e revisioni della performance del business è fondamentale per comprendere la salute finanziaria dell'attività e per prendere decisioni informate. Esaminare indicatori chiave di performance (KPI) finanziari e operativi, come il margine di profitto, il costo di acquisizione del cliente (CAC), e il valore a vita del cliente (CLV), permette di identificare tendenze, prevedere sfide future e capitalizzare sulle opportunità emergenti.

Conclusione

La finanza e la gestione del capitale sono pilastri che sostengono la stabilità e la crescita dell'impresa di dropshipping. Avere una solida comprensione dei principi finanziari, combinata con una gestione accurata delle finanze e un approccio proattivo alla pianificazione finanziaria, è imperativo per navigare con successo attraverso le complessità del panorama economico e per assicurare la longevità e il successo dell'attività imprenditoriale.

30. Conclusioni e Prossimi Passi • Riflessioni
finali e consigli per il futuro.

Incorporare con sapienza le lezioni, le strategie e
i principi discussi nei punti precedenti è
fondamentale per sviluppare e mantenere
un'attività di dropshipping prospera e
sostenibile. Ciascun aspetto, dalla scelta del
nicho di mercato e dei fornitori alla gestione del
servizio clienti e delle finanze, svolge un ruolo
vitale nel creare un'impresa che non solo
sopravviva ma prosperi in un mercato digitale
estremamente competitivo.
Riflessioni Finali:

1. **Comprensione Profonda del Mercato:** La
   comprensione del mercato e del pubblico di
   destinazione deve essere continua e
   approfondita. I comportamenti dei consumatori
   evolvono, e il mercato si adatta a nuove tendenze,
   tecnologie e sfide economiche. Essere in grado di
   navigare attraverso questi cambiamenti richiede
   una comprensione chiara e l'abilità di adattarsi
   rapidamente e in modo innovativo.

2. **Agilità nel Business:** L'agilità e la resilienza
   sono essenziali per il successo nel dropshipping e
   nell'e-commerce in generale. La capacità di
   adattarsi a nuovi trend, superare le sfide e
   innovare nel proprio modello di business e

offerta è fondamentale per mantenere la rilevanza e la competitività nel mercato.

3. **Focalizzazione sul Cliente:** Il cliente deve sempre essere al centro di ogni decisione e strategia. La creazione di un'esperienza cliente eccezionale, dall'interazione iniziale sul sito web all'assistenza post-vendita, è imperativa per creare fedeltà e favorire il passaparola positivo.

Consigli per il Futuro:

1. **Abbracciare la Tecnologia e l'Innovazione:** Investire in tecnologie emergenti e esplorare nuove piattaforme e strumenti può offrire nuove opportunità e migliorare l'efficienza operativa.

2. **Sostenibilità e Responsabilità Sociale:** La sostenibilità e la responsabilità sociale d'impresa sono sempre più importanti per i consumatori. Integrale diventa incorporare principi etici e pratiche sostenibili nel modello di business.

3. **Dati e Analitica:** Utilizzare i dati in modo strategico per informare le decisioni di business, ottimizzare le operazioni e personalizzare l'esperienza del cliente.

Prossimi Passi:

1. **Pianificazione Strategica:** Sviluppare un piano strategico che delinei chiaramente gli obiettivi a breve e lungo termine, le strategie per raggiungerli e i metodi per misurare il successo.

2. **Formazione Continua:** Impegnarsi nella formazione continua e restare informati sulle

ultime tendenze, strumenti e best practice nel dropshipping e nell'e-commerce.

3. **Network e Collaborazioni:** Costruire e mantenere una rete solida di contatti nel settore e esplorare opportunità di collaborazione e partnership che possano arricchire l'offerta e potenziare il business.

4. **Osservazione del Mercato:** Mantenere un occhio costante sull'evoluzione del mercato e sulle emergenti tendenze del consumatore, essendo pronti a pivotare o adattare la strategia di business di conseguenza.

Concludendo, il percorso verso il successo nel dropshipping è una strada che richiede dedizione, continua apprendimento e un'incessante focalizzazione sulla creazione di valore per il cliente. Implementando strategie solide, investendo in tecnologia e mantenendo un impegno costante verso l'eccellenza operativa e il servizio clienti, gli imprenditori possono costruire e scalare efficacemente le loro attività di dropshipping in questo panorama digitale dinamico e in continua evoluzione.

Conclusione del Libro: Costruire il Successo nel Dropshipping

Il percorso per diventare un imprenditore di successo nel dropshipping ha attraversato diversi ambiti chiave che ogni business, indipendentemente dalla sua natura, deve considerare e gestire con strategia e attenzione. Dallo sviluppo iniziale del tuo business plan, passando per la creazione di un sito web coinvolgente e funzionale, alla gestione di aspetti critici come l'inventario, la customer experience, e la pubblicità su social media, ogni passo intrapreso ha il potenziale di potenziare o minare la tua impresa.

Riassunto dei Punti Chiave:

1. **Sviluppo del Business Plan:**
   - Fondamenta solide e una visione chiara.
2. **Creazione e Gestione del Sito Web:**
   - Essenziale per l'esperienza del cliente e le conversioni.
3. **Scelta di Fornitori Affidabili:**
   - Cruciale per la qualità del prodotto e la soddisfazione del cliente.
4. **Gestione dell'Inventario e delle Scorte:**
   - Un equilibrio tra offerta e domanda senza overhead.
5. **Servizio Clienti Eccellente:**
   - Fondamentale per la fidelizzazione e la reputazione.
6. **Pubblicità e Marketing su Social Media:**
   - Veicolo potente per raggiungere e coinvolgere il pubblico target.
7. **Analisi dei Dati e Ottimizzazione:**
   - Data-driven decisions per strategie affinate.
8. **Gestione delle Spedizioni e dei Resi:**
   - Logistica snella e politiche chiare per la soddisfazione del cliente.
9. **Gestione del Rischio e Aspetti Legali:**
   - Proteggere e conformare il business.
10. **Scalabilità e Sostenibilità:**
    - Crescere mantenendo l'integrità operativa e ambientale.

... e molti altri aspetti cruciali come la gestione finanziaria, feedback e recensioni, etica, psicologia del consumatore e tendenze future.

Risorse Utili:

1. **Siti Web:**
   - **Shopify:** Piattaforma di e-commerce molto utilizzata per il dropshipping.
   - **Oberlo:** Applicazione che facilita l'importazione di prodotti direttamente nel tuo negozio Shopify.
   - **AliExpress:** Popolare marketplace per trovare fornitori e prodotti.
2. **Guide e Libri:**
   - "Dropshipping 101: The Ultimate Guide to Building a Location-Independent Business with 0 Capital" di Chris Wane.
   - "The Ultimate Guide to Dropshipping" di Mark Hayes e Andrew Youderian.
3. **Forum e Community:**
   - **Reddit Dropship:** Forum su Reddit dove gli imprenditori di dropshipping condividono idee e consigli.
   - **Warrior Forum:** Una piattaforma dove gli esperti di e-commerce e marketing online condividono strategie e consigli.
4. **Corsi Online:**
   - Corsi su piattaforme come Udemy, Coursera e LinkedIn Learning offrono una

vasta gamma di contenuti formativi sul dropshipping e l'e-commerce.

5. **Strumenti Analitici:**
   - **Google Analytics:** Per analizzare il traffico web e il comportamento dell'utente.
   - **SEMrush:** Per la ricerca di parole chiave e l'analisi SEO.
6. **Social Media Tools:**
   - **Hootsuite:** Gestione e programmazione dei post sui social media.
   - **Canva:** Creazione di contenuti visivi accattivanti per le campagne pubblicitarie.

In Conclusione,

Ricorda, il successo nel dropshipping non arriva dalla notte al mattino e richiede un impegno costante, apprendimento continuo e adattamento alle mutevoli dinamiche del mercato. Questo libro ha cercato di fornirti una roadmap dettagliata e di coprire tutte le sfaccettature cruciali della creazione e gestione di un business di dropshipping. Speriamo che le informazioni e le strategie qui condivise ti guidino verso la creazione di un business di dropshipping prospero e sostenibile.

In bocca al lupo nel tuo viaggio imprenditoriale nel mondo del dropshipping!